LETTRES ALLEMANDES
série dirigée par Martina Wachendorff

# LA FOURRURE DE LA TRUITE

DU MÊME AUTEUR

*L'ANNÉE DE L'AMOUR*, Actes Sud, 1986 ; Babel n° 9, 1989.
*STOLZ*, Actes Sud, 1987 ; Babel n° 48, 1992.
*DANS LE VENTRE DE LA BALEINE*, Actes Sud, 1990.
*IMMERSION*, Actes Sud, 1991.
*CANTO*, éd. Jacqueline Chambon, 1991.
*MARCHER A L'ÉCRITURE*, Actes Sud, 1991.
*GOYA*, éd. Flohic, 1991.
*DANS LA MAISON LES HISTOIRES SE DÉFONT*, Actes Sud, 1992.
*L'ŒIL DU COURSIER, précédé de MES ATELIERS*, Actes Sud, 1994.
*L'ENVERS DU MANTEAU*, Actes Sud, 1997.
*THESAURUS*, œuvres "autofictionnaires", Actes Sud, 1997.
*ADIEU A L'EUROPE*, Actes Sud, 2003.
*CHIEN*, Actes Sud, 2005.
*LES PREMIÈRES ÉDITIONS DES SENTIMENTS*, Actes Sud, 2006.

Titre original :
*Das Fell der Forelle*
Editeur original :
Suhrkamp Verlag, Francfort-sur-le-Main

ISBN 2-7427-5887-9

Photographie de couverture :
André Kertész,
*La Danseuse burlesque (Satyric Dancer)* (détail),
Paris, 1926
Association du patrimoine photographique
de Paris-Photographie d'André Kertész

PAUL NIZON

# La Fourrure de la Truite

roman traduit de l'allemand
par Diane Meur

*ACTES SUD*

*à la mémoire de Karl Jakob Wegmann*

J'avais déposé mes bagages, valise et sacs, dans l'appartement de ma tante. Ils semblaient se serrer les uns contre les autres comme de pauvres réfugiés. L'appartement dans sa bavarde intimité, et mes bagages comme un ramassis de désarroi au milieu de l'ordre pathétique des meubles et des objets qui, tous, parlaient de ma défunte tante. Désemparé, je regardai la fenêtre de la cour puis la cheminée, surmontée d'un grand miroir à cadre doré, qui me renvoya le reflet d'un personnage aux traits hagards. Je ramenai les yeux sur mes bagages. Ils avaient triste mine. Les bagages, image de l'épuisement. Le jour baissait derrière la fenêtre. Il me semblait que la lumière déclinait par à-coups, et je me pris à penser : Et si ce n'était pas le jour, mais ma vue qui baissait ? Déjà je me voyais, les mains tendues, tâtonner vers la sortie et, dehors, fourrager dans l'air à la recherche de la rampe. Et appeler à l'aide. Ou si mon cœur lâchait ? Ne reste pas là comme ça, remue-toi. Je n'osais même pas enlever mon manteau. Je pris le trousseau de clés sur la petite table à côté du fauteuil monumental et m'apprêtai à quitter l'appartement. Je fermai, descendis les marches d'un pas énergique – pour me donner du courage ? En tout cas, je ne voulais pas qu'on me vît passer devant la loge avec cet air de chien battu.

A peine dehors, le peu de courage que j'avais rassemblé s'était déjà évanoui. Je traversai la rue et collai mon visage contre la vitrine d'une quincaillerie. Elle donnait à voir les engins les plus improbables, les plus inutilisables, me semblait-il, tant ils étaient désuets, de vraies énigmes de fonte, et la pièce obscure, au fond de laquelle je devinais la présence d'une vieille femme, recelait encore un entassement serré, une véritable profusion d'objets métalliques de toutes tailles. Un Hadès.

A côté, c'était un fourreur. Juste derrière la vitrine il y avait, sur un chevalet, une gravure coloriée montrant une coquette en fourrure, j'en déchiffrai le titre : *La Fourrure de la Truite*. La *fourrure* de la truite ? Je me repliai dans l'ombre – pas au sens propre, je veux dire l'ombre comme sentiment d'être invisible, d'être à l'abri. Je pris le boulevard et tournai dans une rue latérale sans charme, en quête d'un restaurant, j'en vis un portugais, passai devant, dépassai quelques jeunes gars excités qui se mirent à rire parce qu'ils voyaient à une fenêtre une jeune femme avec une chatte, ils criaient : Regarde un peu la chatte, t'as vu la chatte, fine allusion, ils en hurlaient de rire.

Ici les immeubles et les magasins étaient miteux, lugubres, sans visage : nous étions aux confins de la ville, juste après commençaient le périphérique puis l'autoroute. Je me repliai sur une minuscule cantine vietnamienne de quatre ou cinq tables au plus, qui sentait le soja et autres ingrédients asiatiques. Je mangeai, d'abord des nems que j'enveloppai docilement dans des feuilles de menthe et de salade avant de les tremper dans mon petit bol de sauce ; je mangeai et je mastiquai consciencieusement et mécaniquement, comme si j'avais une mission à remplir.

Sur le chemin du retour je m'aperçus que je ralentissais, que je retenais mon pas. Aucune envie de rentrer. Je descendis rapidement l'escalier du métro le plus proche, pour me laisser traverser par son souffle fétide.

De retour dans l'appartement, je m'étendis sur le grand lit de la chambre, tout habillé, en manteau et en chaussures, et tombai aussitôt dans un profond sommeil sans rêves. Me réveillai en pleine nuit, me déshabillai et transportai le téléviseur dans la chambre à coucher. Les griffes du malheur, murmurai-je quand, après des heures de veille lancinante, je sentis enfin le sommeil approcher. Et *La Fourrure de la Truite*, pensai-je aussi. Avant de m'endormir.

*Griffes du malheur* fut la première chose qui me revint à l'esprit quand je me réveillai, tard dans la matinée. Si l'on me décrivait, dans une histoire, l'abattement de l'arrivée, ce ne serait qu'un épisode introductif, bientôt se profileraient une action, c'est-à-dire une avancée, et, par là, un salut. Mais ce n'était pas une histoire, une histoire ne devient histoire que rétrospectivement, ce n'est pas une histoire, c'est terriblement sérieux, c'est MAINTENANT, je suis pris au piège, pensai-je fugitivement. Et à la vue des corps étrangers qu'étaient mes bagages non défaits, je murmurai : Le fardeau est devenu trop lourd, trop lourd pour mes forces, je ne peux plus porter ce poids. Ce poids ? Autant dire : cette peine. Mais laquelle ?

Ce n'était certes pas la mort de ma tante. Et l'appartement n'évoquait en rien son décès, mais au contraire le moment de son départ en vacances. Elle n'avait pas pris la peine de ranger, étant persuadée de revenir dans trois semaines ; et en plein séjour, elle avait été emportée par la mort. L'appartement reflétait une vie de tante figée à tout jamais dans la hâte du départ. La commode Louis XV en bois clair, aux formes incurvées, à la tablette de marbre veinée, décorée d'incrustations et de marqueterie, avait un tiroir entrouvert ; sur le fauteuil, à côté de la petite table encombrée de courrier non ouvert, des bas traînaient. La grande table portait encore la vaisselle sale d'un petit-déjeuner, un bâton de rouge à lèvres. Dans la chambre attenante, avec son vaste lit et son manteau de cheminée garni de figurines gesticulantes en porcelaine blanche, il y avait une armoire un peu ventrue, en deux parties, penderie en haut et tiroirs en bas. La penderie contenait des robes, des tailleurs, des fourrures, et même un renard à la tête empaillée. Dans les tiroirs, un fatras de lingerie, de soutiens-gorges, de slips. Pas de place pour mon manteau. En bas de l'armoire, un carton rempli de correspondances, de relevés de compte, de documents, d'albums de photos, d'agendas, avec au beau milieu un paquet de lettres retenues par un ruban de couleur – affaires privées.

J'étais comme en cellule dans le legs de ma tante. J'allai jusqu'aux toilettes à côté de l'entrée, le seul petit coin relativement spacieux de l'appartement, et m'assis dans le noir. Je me vidai comme un récipient qui fuit. Je me relevai en trombe. En quête d'un endroit où me laver les mains, je découvris, au bout du couloir, une minuscule douche, fermée par un rideau de plastique grisâtre. Et à côté, la cuisine, à peine plus grande, avec sa gazinière à deux foyers, crasseuse, son chauffe-eau antédiluvien, quelques poêles et des flacons d'épices sur des étagères murales, l'évier, le calendrier au-dessus, l'armoire à vaisselle couleur crème. Sur l'armoire, une baguette rassie.

Ces meubles et ces objets me rejetaient, je le sentais bien, ils semblaient m'oppresser, me repousser hors de l'appartement, et je dis à voix haute : Je n'ai rien à faire là. Je n'avais rien à faire là. J'eus une suée. Et tandis que la panique montait en moi, je perçus également la pulsation d'une absurde promesse de bonheur, pulsation qui, à peine sensible, commençait de battre en moi. Parmi les nuées du plus noir accablement, le feu follet ou le ver luisant d'un bonheur : comme si le livre de ma vie allait s'ouvrir, comme si j'allais pouvoir en lire le premier mot.

Une promenade ne me disait rien, il fallait que je me donne un but. Oui, trouver une laverie. Je triai mon linge sale, déposai par terre tout ce que contenait encore mon sac de voyage et remis le linge sale dedans. Je sortis de l'immeuble, jetai un œil à l'intérieur du café-tabac. Au comptoir, des hommes robustes, aux visages fermés, aux costumes déteints, certains en survêtements, des ouvriers. Le regard du patron, qui croisa le mien, me parut malveillant. Une assemblée d'hommes renfrognés. Aux petites tables, des femmes, pour la plupart vieilles, les joues trop maquillées, le masque grimaçant. Et pas un mot, pas un bruit. Etait-ce ma présence qui les rendait muets ? A quelques maisons de là je tombai sur une laverie et y entrai. Les tambours des machines alignées tournaient avec des ronflements entrecoupés de chocs. L'air était chaud et sentait la lessive avec autre chose encore ; une odeur d'excrétions, peut-être, comme dans les hôpitaux ? Deux hommes s'affairaient entre les machines, disparaissaient par instants dans un local sans doute privé ; les propriétaires ? L'un, un noiraud un peu gras, avait en permanence un sourire affecté, légèrement doucereux, l'autre était maigre comme un clou, avec une expression maussade. Frères ? Associés ? Couple homosexuel ? D'âge moyen, algériens sans doute. J'entrai tout de suite en conversation avec le grassouillet, qui s'empressait à me servir. Vous êtes nouveau dans le quartier ? me demanda-t-il.

De passage ? Vous venez de l'étranger ? Ah, l'étranger. L'été d'avant, ils avaient été à l'étranger. *Rien de tel que les voyages.* Pour un peu, il m'aurait raconté ses problèmes de santé. Une odeur de cuisine me parvenait du local. Est-ce que je voulais mes chemises et mon linge repassés, pas repassés, ou seulement les chemises repassées ? D'accord, les chemises repassées. A plus tard donc. Oui. Au revoir.

Dans un café au comptoir arrondi, je commandai un verre de vin. Un jeune couple avec une poussette, debout au comptoir, bavardait avec le patron qui, jeune aussi, en pull, ressemblait moins à un patron de café qu'à un de ses clients. Et il y avait encore un homme assis derrière un journal déplié dont il relevait parfois les yeux pour se mêler à la conversation. Le juke-box fredonnait une chanson *country*, le soleil poursuivait à tâtons sa progression oblique, je sirotais mon verre et écoutais avec application, tout en regardant la rue qui, à cette heure de la matinée, était déserte et inondée de soleil entre les arbres, bientôt les magasins ouvriraient. Je fis durer mon verre, en commandai un autre. Quand je sortis et me remis à marcher sans but, les bruits de la rue reprirent enfin. J'avais dû les couper en pensée, maintenant ils étaient de retour. Je poussai un soupir de soulagement. Tout suivait sa marche. Tout suit sa marche, murmurai-je. Et voilà qu'un sentiment de honte rarement connu s'empara de moi, sans doute parce que je n'avais rien à faire là, dans la rue, où tout suivait sa marche ; rien à faire, rien à chercher, rien à attendre, rien à espérer, seulement du temps à tuer et un pied à mettre devant l'autre, comme si je marchais sous une cloche de verre.

Je n'aime pas le brun de la cage d'escalier, pensai-je en remontant chez moi. Un brun de banc d'école, de matériel scolaire, de vomissure. Et cette couleur faisait désormais partie de mon quotidien, de mon être.

La porte de l'appartement et ses trois serrures. Pourquoi ce poids, ce fardeau ? La concierge m'avait fait un signe de tête, il me semblait qu'elle avait bu. Les quelques caisses à fleurs, dans la cour divisée par des grilles, relevaient sans doute de sa compétence. De même que le courrier, si jamais j'en recevais. Une pocharde. Je parie qu'elle ne mange rien. Famélique, voilà comment je la décrirais, si elle ne donnait pas cette impression de formidable vitalité. A moins que ce ne soit de la colère ? Le rouge malsain de son visage – un rouge de colère ? Elle toussait, la cigarette aux lèvres. Elle m'avait dit qu'elle n'allait jamais à la campagne, elle ne supportait pas cet air malsain, la campagne la faisait tousser. Un jeune homme rondouillard traînait dans sa loge, son fils ? Elle parlait de ma tante sur un ton de sympathie ou du moins de respect. Quant à moi, elle ne m'aimait pas. Est-ce qu'elle me prenait pour un captateur d'héritage ? Si elle avait su comme je me sentais mal dans l'appartement de ma tante. Je n'avais rien à faire là.

Je me sentais surveillé par cette concierge. Est-ce la deuxième fois ou déjà la quatrième que je me glisse devant la loge depuis ce matin ?

En face de la poste, où attendait une nombreuse clientèle africaine, il y avait un petit restaurant où déjeunaient les postiers, j'y cherchai une place. Cuisine familiale : salade de tomates aux oignons en entrée, blanquette-pommes vapeur en plat, puis crème caramel, compote ou gâteau pour le dessert. Les rires, le bavardage bon enfant des habitués, mon silence derrière un journal. Et bientôt, déjà, une remarque sur le temps qu'il faisait, comme pour m'inviter à être des leurs. Je restai à table jusqu'à ce que les hommes retournent travailler.

Dans la rue, je m'aperçus que j'avais oublié quelque chose dans le café-bar tenu par un patron en pull qui ne ressemblait pas à un patron de bar. J'y avais oublié un sentiment suscité par la musique du juke-box, un tout petit sentiment encore au maillot. Je ne le retrouvai pas, ou ne fus pas capable de le démailloter, et la perte me parut irréparable. Tant pis. A la place, c'est *La Fourrure de la Truite* qui me revint à l'esprit. Etait-ce un jeu de mots ? Aussitôt j'eus sous les yeux la coquette à demi nue dans son manteau de fourrure entrebâillé. "La Truite" : était-ce le surnom d'une diva ou d'une demimondaine autrefois célèbre ? D'une strip-teaseuse, d'une mangeuse d'hommes qui aimait s'exhiber nue en manteau de fourrure ? Le poisson comme corps féminin, la femme-poisson, la nixe ? Je sortis l'une des fourrures qui prenaient tant de place dans l'armoire de ma tante. Avais-je le moindre droit sur les biens qu'elle avait laissés ? Ces fourrures avaient-elles de la valeur ? Je décrochai les vêtements de la tringle et entassai le tout sur le large lit. Si j'avais eu une amie, elle aurait sans doute bien aimé me donner un coup de main, peut-être que l'une ou l'autre fourrure l'aurait intéressée. Et moi, j'aurais bien aimé emmailloter ou fourrer ma petite truite dans un manteau de tante.

Je me pris à désirer violemment la visite d'une femme, comme j'en avais parfois reçu dans un autre de mes gîtes. La visiteuse était une jeune femme qui voulait devenir hôtesse de l'air et, en attendant d'être embauchée, monnayait son joli corps dans un bar où elle était entraîneuse. C'était toujours en fin d'après-midi, avant son travail, qu'elle venait chez moi, elle détaillait avec curiosité mon ménage de garçon, mes quelques gravures modernes et mes bibliothèques, et j'avais tout loisir d'observer ses mouvements, ses poses à moi destinées, c'était un avant-goût. Puis nous nous retrouvions enlacés sur le lit et elle me titillait, me grignotait, se laissait étreindre, couvrir de baisers, jusqu'à ce que, haletants, nous entamions notre voyage vers le grand saut, vers l'épuisement. Puis nous restions immobiles l'un à côté de l'autre, confiants, comme des enfants, et nous nous endormions en écoutant monter, à l'extérieur, les premières rumeurs du soir. Après son départ il restait quelque chose dans l'air, comme la trace d'un papillon.

Maintenant le lit était couvert de ce que renfermait auparavant l'armoire, fourrures sans truite, jupes, tailleurs. Devais-je offrir ces vêtements de dame à la concierge ? La proposition lui inspirerait sans doute plus de soupçon que de reconnaissance.

J'étais en train de développer une véritable phobie, une phobie du contact, une crainte permanente d'être pris sur le fait. J'ôtai les vêtements du lit et les empilai en tas dans le couloir. Et je rangeai dans l'armoire mes propres habits. Maintenant ils pendaient là, au-dessus du mystérieux carton au contenu ultra-secret.

Je résolus d'aller chercher mon linge à la laverie, entrai chez les Algériens et, sans répondre au bavardage dans lequel tentait de m'entraîner le grassouillet au sourire doucereux, je repris mon linge repassé et mon linge non repassé qui m'attendaient dans deux sacs en plastique distincts. Je remontai une rue commerçante et tournai dans une autre, escarpée, silencieuse, aux immeubles blanc craie, qui s'avéra mener au Sacré-Cœur. Il y avait là une placette avec plusieurs cafés et, devant, quelques tables. Je m'assis à l'une d'elles, posai mes sacs de linge sous ma chaise et regardai des chiens qui batifolaient. L'un était un setter, l'autre un terrier bâtard, le troisième un jeune boxer tout pataud. Il me semblait que je me faisais obstacle, que je n'étais pas vraiment là.

Je n'étais pas non plus tellement curieux et je ne fus nullement captivé, comme les autres clients, qui se levèrent à demi de leurs tables pour ne rien manquer du spectacle quand un gros camion rempli de sacs à charbon, conduit par une grand-mère à lunettes et à cheveux blancs, déboula sur la place et se lança dans une laborieuse manœuvre, parce qu'une voiture mal garée l'empêchait d'obliquer dans une rue étroite. Jusqu'à ce que deux jeunes Nord-Africains qui voyageaient au milieu des sacs, noirs comme des ramoneurs, sautent de la plateforme pour aller tourner autour de la voiture. Finalement ils entrèrent dedans pour desserrer le frein et, comme leurs tractions et leurs poussées restaient sans résultat, ils soulevèrent la voiture et la déplacèrent par saccades pour laisser la voie libre à la grand-mère, qui disparut ensuite dans un fracas de moteur. Sur le siège de la voiture s'étalait, toute noire, une marque de charbon. Bravo, crièrent les spectateurs en riant.

Je n'étais plus en terrain si inconnu dans le quartier de ma tante. Je pouvais en recomposer mentalement les environs immédiats, à commencer par la rue du fourreur et de la quincaillerie jusqu'à celle des deux compères dans leur laverie, qui croisait la rue à bouffe ; de cette artère montait la rue escarpée, aux tons de craie blanche, qui menait à la placette où jouaient des chiens, au pied du Sacré-Cœur. Je connaissais l'avenue très passante, sillonnée de bus, bordée de restaurants et d'arbres, qui allait vers Clichy ; et le grand boulevard menant à la porte de Clignancourt puis au périphérique et à l'autoroute, avec ses rues latérales sans charme. Je connaissais quelques petits restaurants, quelques cafés, la poste, et non loin de là la mairie du 18e, place Jules-Joffrin. J'étais capable de m'orienter et d'évaluer, à leur architecture et à leur population, le degré de confort des différents secteurs. Je connaissais les stations de métro et j'étais même allé en métro dans le centre. Sous mes pieds et dans ma tête, la ville commençait à prendre forme et surtout à s'étendre. Pourtant, j'y restais un étranger. Où que je fusse, je ne trouvais que grimaces de rejet et, en moi, un état d'effarement.

En mon for intérieur, j'implorai le pardon de ma tante. Je ne voulais rien te prendre, jamais je n'aurais eu l'idée de m'installer chez toi. C'est toi qui m'as mis cet appartement sur le dos. Si seulement tu n'étais pas partie mourir en vacances. Et pourquoi fallait-il que tu gardes dans ton sac à main, dans une enveloppe marquée “A ouvrir en cas d’urgence”, mon nom et mon adresse ?

La police française m’avait téléphoné et demandé de me rendre sur place, car il fallait que quelqu’un s’occupe des formalités, à commencer par libérer la chambre, statuer sur le sort des effets personnels restés à l’hôtel, et régler la note. Le corps menu de ma tante reposait dans la morgue de l’hôpital. Même mort, le visage cireux gardait quelque chose d’arrogant ou du moins de péremptoire, sans doute à cause du gros nez proéminent ; je fus dérouté par ses cheveux teints au henné et coupés court pour l’été.

La jolie jeune femme de l’accueil, qui m’avait précédé dans la chambre mortuaire et s’était discrètement effacée, s’attendait peut-être que je verse des larmes d’adieu. Elle m’apprit spontanément les circonstances de l’hospitalisation puis du décès de ma parente : celle-ci était arrivée à l’hôpital en ambulance, mais n’était pas encore dans le coma et, quoique affaiblie, comprenait encore ce qu’on lui disait, et c’est à l’étonnement général que, malgré des soins immédiats, elle était morte peu après. Je fus surpris de la simplicité avec laquelle on me remettait le précieux sac en crocodile, qui avait été pour ma tante la prunelle de ses yeux, et qui fut extrait d'un tiroir comme un appendice orphelin – de même qu'au commissariat tous les bijoux m'avaient été délivrés en échange d'une signature ; je fus surtout choqué de ressentir, malgré la situation, un intérêt croissant pour les charmes de la jeune personne à mon côté, dont les prévenances n'étaient pourtant dues qu'au décès de ma tante. Je la quittai à regret.

Muni des bijoux, du sac à main, du trousseau de clés et des valises de ma tante, je rentrai le soir même à Paris pour inspecter l'appartement et engager auprès de l'administration les complexes démarches successorales. Et, peu après, je m'installais moi-même à Paris avec le strict nécessaire, dans l'espoir de commencer une nouvelle vie ou du moins de prendre un nouveau départ.

Pour faire quelque chose, ou peut-être pour surmonter mon atroce terreur du contact, j'attrapai l'album de photos dans le carton en bas de l'armoire et commençai à le feuilleter. Les photos étaient fixées par des coins adhésifs, les pages, noires, en étaient saturées. Il s'agissait en partie de souvenirs de vacances, d'instantanés pris par des photographes de rue. On voyait ma tante, seule ou avec des amies, sur des fronts de mer plantés de palmiers, ou posant devant des monuments et d'élégantes entrées d'hôtels. Les dames étaient toujours vêtues avec correction, la mine pleine d'assurance, parfois de prétention, rarement de gaieté. Et puis il y avait des portraits pris à des âges divers, depuis la rêveuse jeune fille habillée à la mode jusqu'à l'énergique matrone au visage renfrogné – les traces de la vie. Sur les photos de groupe je crus déceler un air de famille entre plusieurs personnes, mais je pouvais me tromper. Les hommes étaient peu nombreux, et moins nombreux encore ceux qui pouvaient laisser conclure à des relations amoureuses. Ma parente avait apparemment toujours été seule dans la vie. Elle avait été gérante ou propriétaire de petits magasins de prêt-à-porter féminin. Sur certains clichés on la voyait, seule ou avec une employée, devant l'entrée d'une de ces boutiques, baptisées *Touchic* ou

*La Mimosa*. Celles-ci paraissaient peu engageantes, avec des vitrines surchargées, parfois des vêtements de dame entassés sur des cintres débordaient sur la rue.

Elle avait été une modeste commerçante, qui avait peu de relations et pour compagnon de vie un chien, un fox-terrier. Il y avait aussi des photos du chien, de véritables portraits réalisés en atelier. Ma tante avait apparemment partagé son existence entre son magasin, son appartement et des villégiatures plus ou moins dispendieuses. Jeune, elle était jolie. Les photos ne révélaient rien de sa vie privée, peut-être n'en avait-elle pas eu. Elle semblait avoir toujours été indépendante financièrement, de plus en plus solitaire avec les années, sans attache autre que le chien, toujours soucieuse de son image et de son apparence. Elle lisait des journaux, des livres aussi, il y avait dans l'appartement une édition de Balzac et de Maupassant et quelques autres livres, rien, en fait, dont on puisse déduire des goûts particuliers.

Je cherchai à rassembler mes souvenirs des quelques occasions où je lui avais rendu visite. Son attitude à mon égard oscillait entre le maternage, les velléités autoritaires et la flatterie, entre la carotte et le bâton, pour forcer un peu le trait. Là, assieds-toi, tu dois être fatigué, je vais te faire un café. J'avais beau lui répéter que je ne désirais ni m'asseoir ni boire de café, d'autant que je venais d'en prendre un au bistrot, où j'avais poireauté pour ne pas arriver trop en avance chez elle. Pas de discussion, elle allait faire du café dans sa petite cuisine, chantonnant pour elle-même, l'air légèrement absent. On sonnait à la porte. Le chien aboyait, ma tante lui criait : Chut, tais-toi, vilain. Et, à travers la porte, elle demandait qui était là. C'étaient les voisins, un vieux couple, une femme ridée au teint très mat, derrière elle un grand homme massif aux pas hésitants, un aveugle. Des Algériens, des harkis, comme j'appris par la suite.

Je prenais le chien en laisse et descendais l'escalier en entendant les voix perçantes des femmes et la voix méditative de l'aveugle. Et, devant l'immeuble, j'attendais ma tante qui voulait m'emmener manger dehors.

Je reposai l'album dans le carton. Au fond, je ne savais rien de ma tante. L'essentiel du temps, elle n'avait été ma parente que sur le papier. Nous n'avions pratiquement aucun souvenir commun, peu de choses nous liaient. Et voilà que je me retrouvais catapulté au milieu des biens qu'elle avait laissés.

Et dans cet environnement décourageant, voire hostile, où je n'osais bouger, j'eus alors l'impression de ne plus avoir de biographie, plus de passé. Comme si je n'avais jamais été chéri par une mère, comme si jamais main paternelle ne m'avait caressé les cheveux. Comme si aucun sentiment, aucun souvenir ne m'avait jamais rattaché à d'autres hommes. Tombé du filet.

Est-ce que l'aveugle d'à côté vivait encore ? J'aurais aimé entendre sa voix méditative d'aveugle, au lieu du roucoulement irritant des pigeons dans l'arrière-cour. La paralysie de l'âme, avais-je un jour lu quelque part. *La paralysie de l'âme*, murmurai-je dans le fauteuil monumental, à côté de la petite table où j'avais remis le téléviseur à l'écran aveugle.

Si ma tante m'avait vu dans cet état !

Captateur d'héritage, me sermonnai-je, comment peux-tu te plaindre d'avoir reçu cet appartement ? Tu l'as reçu parce que, semble-t-il, tu es le seul parent de la défunte, ou le seul qu'on ait trouvé ; tu peux donc en disposer, du moins jusqu'à nouvel ordre, jusqu'à ce que les démarches successorales aient abouti. Elle ne tenait pas particulièrement à te le laisser, sans quoi elle aurait fait un testament. Tu t'es emparé illégitimement de cet appartement, tu te l'es approprié. En réalité, tu as assassiné ta tante. Assassiné ? Ce mot me venait-il parce que j'en avais assassiné une autre, celle qui avait été ma femme et mon seul amour ?

Elle s'était tenue, comme tant de fois, à notre table, au banc des accusés, sur le billot ; et avait tout subi, toutes les accusations, tous les soupçons, tout ce que je pouvais exhumer de notre vie commune et de sa vie d'avant, dont je n'avais qu'une connaissance vague, tout me servait à l'attaquer, à la rendre mesquine et laide, à la rabaisser. Elle subissait, sans faire mine d'esquisser la moindre défense. Pourquoi se taisait-elle ? Je me souviens d'avoir pensé : cette pure lumière de l'âme qui émane de son visage. J'étais transporté, elle me faisait fondre, je la vénérais, tandis qu'en mots je l'égorgeais et assassinais son amour. Et puis elle s'était levée et était sortie, muette. Le lendemain elle n'était plus là, et toutes ses affaires avaient disparu de l'appartement.

Pourquoi n'avais-je pu lui dire ce que je ressentais vraiment : Je t'aime. Tu es tout ce que j'ai sur terre, toute ma fierté. Mon bouquet de violettes, reste avec moi car je ne peux vivre sans toi. Au lieu de ça, le chevalet de torture. Elle m'avait supporté, avait toujours pris mon parti, et, dans nos étreintes, me donnait toute la tendresse possible : pourquoi ne pas m'en satisfaire ? Ce n'était pas assez. Il me fallait plus, il me fallait une preuve d'amour absolue. Qu'elle saute par la fenêtre pour l'amour de moi ? Qu'elle me sauve de mon incrédulité, des doutes qui me dévoraient, de moi-même, et m'emporte sur ses ailes au-delà de la mort. Ce n'est pas l'appartement de ma tante, cette cellule, c'est l'absence d'amour qui m'empoisonne et me paralyse. La froideur. La paralysie de l'âme, c'est la froideur. Je meurs de froid.

Et pourtant je continuais. J'allais et venais, comme tout le monde, et me donnais l'air occupé.

J'avais trouvé une connaissance, une amie de ma défunte tante, dont le nom figurait dans son petit carnet d'adresses et que j'étais allé voir dans sa boutique, non loin de chez moi. C'était une dame entre deux âges, légèrement empâtée, qui tenait un magasin de bureautique également équipé de photocopieuses. Dans ce cadre technique, elle paraissait distante et professionnelle. En réalité, il n'en était rien. Elle avait eu deux enfants d'amants différents, amants dont elle semblait encore plus fière que de ses enfants, des hommes mariés dont elle parlait avec une profonde affection, presque avec gratitude, *ah l'amour**... Quant à ma tante, elle la révérait ; une sacrée bonne femme, répéta-t-elle plusieurs fois, qui, dans le Paris de l'Occupation, avait été en contact avec des résistants, avait transmis des messages, caché des gens traqués, tous actes de

* Les mots en italique suivis d'un astérisque figurent en français dans le texte original. *(N.d.T.)*

courage héroïque dont je ne savais évidemment rien.

Nous allâmes manger et, après manger, nous revînmes prendre un verre chez moi, dans l'appartement de ma tante. Quand je m'aperçus que Ghislaine commençait à me manifester un peu plus d'intérêt que ne le réclamaient les circonstances, je m'effarouchai. Je m'en aperçus à la façon dont elle prit mon parti, avec une véhémence disproportionnée, quand je lui dis que ma femme m'avait quitté. Prenez une feuille blanche, me conseilla-t-elle avec des mines de mépris courroucé, écrivez dessus le nom de votre ancienne, et puis faites un gros trait sur son nom, comme ça, dit-elle, traçant énergiquement du doigt un trait dans l'air. Elle était de mon côté, elle aimait que les choses soient claires.

Je passai quelquefois lui dire bonjour dans sa boutique : à part les deux compères de la laverie, c'était ma seule connaissance.

Je sautais sur le moindre prétexte pour sortir, parfois même de nuit. Un soir qu'il était déjà minuit passé, je remontai la rue commerçante, avec ses boucheries, ses magasins de fruits et légumes, ses crémeries, ses boulangeries, maintenant plongés dans le noir derrière leur rideau de fer, en quête d'un endroit encore ouvert. Je trouvai un bar dont le nom avait à voir avec le football, le *Bar du Football*, peut-être ? et y entrai. Des Arabes étaient assis au comptoir derrière lequel s'affairait une *mamma* potelée, gâtant ses clients sur un ton de feinte brusquerie qui me rappelait ma tante. L'atmosphère était joyeuse et familiale, déjà un peu débridée. Les Arabes s'amusaient avec deux chiens, un doberman et un berger qui, la journée, devaient rester derrière le comptoir, mais qui à présent se promenaient dans la salle et bientôt vinrent appuyer leur museau sur ma cuisse. Au-dessus du flipper, un choucas, vieux et ébouriffé, grattait du pied et faisait des bruits de crécelle. Les Arabes taquinaient l'oiseau, qui leur lançait de vigoureux coups de bec. Ensuite ils nouèrent une serviette en foulard sur la tête du doberman, rirent entre eux, puis en se tournant vers moi, et la patronne chercha sur le juke-box de belles chansons qu'elle accompagna d'une voix pleine et profonde. J'avais faim, depuis quand n'avais-je plus mangé ? Je me fis servir un jambon-beurre bien croustillant, le mastiquai et, après mon café, bus encore quelques verres de vin rouge. Alors seulement je découvris la femme, ou plutôt découvris qu'elle n'était pas accompagnée, m'approchai d'elle et engageai la conversation. Nous bûmes ensemble et, quand le bar ferma, nous nous retrouvâmes ensemble dans la rue. Alors ?

Elle me proposa d'aller prendre un dernier verre chez elle. Parlait-elle sincèrement, était-ce du racolage ? Je lui emboîtai le pas.

A voir l'appartement, ce n'était pas une professionnelle mais simplement une femme seule, plus toute jeune mais encore séduisante. Nous avions pas mal bu, nous étions fatigués l'un et l'autre. Nous nous regardâmes.

Je soulevai dans mes bras cette femme dont je ne savais rien. Je la couchai, retroussai sa jupe, dénudai ses seins, pinçai du bout des doigts la pointe de ses mamelons et commençai à les masser délicatement. Elle se laissait faire, et une stupeur incrédule – de se voir agir ainsi ? – apparut dans ses yeux avant de céder la place à une expression absente de lascif consentement. Je soulevai sa culotte et la lui retirai, écartai ses grandes lèvres, la sentis qui s'ouvrait à ma caresse… et alors je lui dis : Dis-le, dis-le-moi maintenant.

Elle s'éveilla à regret d'une complaisance qui allait se changer en bien-être, en exigeant désir :

Qu'est-ce que je dois te dire ? chuchota-t-elle, d'un ton qui n'exprimait pas encore de frayeur, seulement de l'impatience. Que tu me plais ?

Dis-le, répétai-je, dis-le-moi maintenant.

Et elle : Mais quel idiot, celui-là ! Alors je l'examinai comme un poisson frétillant que j'aurais tiré de l'eau, et elle me cria : Salaud, pauvre type, qu'est-ce qui te passe par la tête ?

Dis-le-moi, dis-le-moi, répétai-je en ôtant mes mains d'elle.

Elle éclata en sanglots désespérés qui secouaient tout son corps, se blottit contre moi en tremblant. Et je la serrai, tout froid au-dedans, tout oreille, tout vide, et murmurai : Dis-le-moi, dis… Et je m'en fus.

Le lendemain, en me réveillant d'un long et profond sommeil dans le lit de ma tante, j'allais me lancer dans un discours qui commençait ainsi : Chère tante, ou plutôt madame, je dois vous avouer que je ne suis pas votre neveu mais un imposteur doublé d'un assassin, je descends de la lignée des Stolp…, quand je m'arrêtai, car mon rêve était en train de me revenir, ou plutôt se trouva soudain là, sans crier gare. C'était place de la Concorde, une foule se formait et même se pressait autour d'un spectacle pour moi invisible. Je m'approchai et, pour mieux voir, pour voir au-dessus des têtes, je me mis à sautiller sur place, puis à faire de véritables bonds. Et, tout d'un coup, je restai en l'air, je planais, je pouvais même planer dans la direction que je voulais. Je survolai la foule et dérivai, direction palais Bourbon-Assemblée nationale, au-dessus de la Seine. Un évadé. C'était un plaisir de planer comme ça, seulement je me demandais si j'allais pouvoir redescendre et reprendre pied ou si j'avais définitivement décollé. Depuis j'ai toujours en tête cette tentation de sauter, parfois c'est obsessionnel, cette envie, ce besoin de sauter, sauter du pont, sauter de la tour Eiffel. Je me demande : si je veux sauter, est-ce pour voler, pour m'envoler loin de tout ? ou pour me tuer en m'écrasant par terre ?

Une fois levé, je sortis sans attendre. Il était tôt, les balayeurs étaient à l'œuvre avec leurs balais verts, de l'eau coulait dans le caniveau. Comme elle rinçait tout sur son passage, claire, étincelante et pure, pressons, pressons ! Pressons, murmurai-je, mes yeux ne pouvaient se rassasier de la rinçure étincelante qui me traversait, me purifiait, me rinçait au-dedans. Et c'est avec, devant les yeux, l'image de cette eau pressée que je m'en fus. Mais vers où ? Pressons, pressons !

J'allai chez la femme que j'avais rencontrée au *Bar du Football* puis laissée en rade si honteusement, sonnai à sa porte, et lorsque, après une longue attente, la porte s'entrouvrit, je forçai légèrement pour entrer et je dis :

S'il te plaît, écoute-moi, il faut que je m'explique. J'ai été en dessous de tout hier soir, je crois que j'avais trop bu ou que j'ai perdu la tête, j'étais surexcité, bref je suis venu m'excuser. Si tu peux, pardonne-moi.

Elle me regarda d'un œil réservé et méfiant, et répliqua : Je n'ai vraiment pas compris quelle mouche t'avait piqué. D'abord tu me sautes dessus, puis tu m'offenses comme aucun homme ne m'a encore offensée, et tout ça d'une façon pour moi incompréhensible. J'ai passé mon temps à me dire : mais qu'est-ce que je lui ai fait, qu'est-ce que ce détraqué me voulait ? J'ai pleuré, longtemps, sans même savoir sur quoi. Un pignouf. Qu'est-ce que j'ai fait pour mériter ça ? Maintenant te revoilà, et je ne sais même pas ton nom.

Je m'appelle Frank et je descends de la lignée des Stolp, je veux dire : de la célèbre famille Stolp, tu connais sûrement le cirque Stolp, un cirque ambulant, bon, malheureusement il n'existe plus, mais pendant longtemps ç'a été un grand nom. Je pensais qu'il te dirait quelque chose. Tous les Stolp ont été acrobates pendant des générations, contrairement à ce que connote leur nom dans ma langue – Stolp, *stolpern*, trébucher, tu saisis ? Ce qu'ils faisaient avant la fondation du cirque, aucune idée, je pourrais me renseigner mais je ne vais pas nous ennuyer avec des problèmes généalogiques. Mon temps est bien trop compté pour ça, je veux dire : mon temps de vie, *Pressons* est ma devise. Pressons, pressons ! voilà ce que je me dis toujours, je crois que je suis moins fait pour penser que pour courir, c'est peut-être ce qui explique mon attitude blessante hier soir, dont je voudrais encore une fois te demander pardon en bonne et due forme. Si on sortait ?

Je ne sais que penser de toi, répondit-elle. Mon intuition me dit : Laisse tomber ce type. J'aurais mieux fait de ne pas t'ouvrir. Qu'est-ce que tu viens faire ici, qu'est-ce que tu me veux ? En plus, j'ai un rendez-vous. Je dois voir des amis argentins. Evidemment, je pourrais t'emmener, si tu me promets de bien te tenir et de ne pas raconter comment nous nous sommes connus. Je m'appelle Carmen.

Au milieu de ses amis, je vis Carmen avec d'autres yeux. C'était une autre femme, vive, amusante, prompte à la riposte. Elle était dans son élément, elle aussi était peut-être d'origine sud-américaine. Les amis en question étaient deux couples, dans les affaires ? difficile à dire, l'un des hommes s'appelait Domingo, c'est lui qui me désigna comme le *fiancé** de Carmen, si j'avais bien entendu – pas tout de suite, naturellement, mais quand nous eûmes sympathisé. Bien sûr je ne le suivis pas sur ce terrain, mais je me sentais agréablement stimulé dans ce cercle d'émigrants, avec son arrière-plan qui transparaissait dans leurs mots et leurs gestes, tout en me restant caché. Je me sentais en confiance dans ce bar enfumé où un juke-box susurrait des tubes, musique qui me ramena à l'autre bar, celui dont le patron, en pull, ne ressemblait pas à un patron de bar, et me rappela le sentiment que j'y avais perdu, un sentiment triste, il devait s'agir de ma femme à l'époque où nous étions encore heureux ensemble, de choses désormais perdues, ne pas penser à ça, je m'appelle Frank et je descends de…

J'avais donc été élevé au rang de fiancé et, à ce titre, de quasi-Sud-Américain, il allait donc de soi que Carmen prît mon bras quand nous partîmes. Tout naturellement, nous allâmes chez elle. Et là, nous nous aimâmes. En levant le camp je pensai, Ce n'est pas seulement une question de faim à assouvir : celui qui reste longtemps exclu du circuit sexuel tombe hors du monde. Le désir inassouvi amène à diaboliser le sexe féminin. A l'inverse, le regard de l'homme qui sort des bras d'une femme est le plus philanthropique qui soit. Amen. Voilà à quoi je pensais sur le chemin du retour.

Dans l'appartement, je repris ma conversation avec ma parente défunte.

Revoici l'assassin, madame. J'ai appris par votre amie, la dame du magasin de bureautique, Ghislaine, si je ne m'abuse, que pendant l'Occupation vous aviez risqué votre vie dans des activités clandestines, j'en reste sans voix. Du coup, mes pleurnicheries me paraissent bien puériles, j'entends : ce sentiment de délaissement qui m'accable.

Et en le disant, je sentais déjà revenir mes idées noires. C'est moins un sentiment de délaissement qu'un manque. Comme si le sol se dérobait sous mes pieds et qu'en plus je me vidais de l'intérieur. Je me vide comme un récipient qui fuit.

Madame, repris-je, souffrez que je vous appelle ma tante, même si nous ne nous connaissons pas. Comme je vous le disais, je descends de la lignée des Stolp et je viens de recevoir un coquet héritage qui me permet, comme qui dirait, de vivre de mes rentes. Sous ce rapport, je suis le plus heureux des hommes. D'ailleurs, ces derniers jours, l'appartement était comme hanté par une secrète promesse de bonheur, enfin j'exagère, ce n'était que le ver luisant d'une promesse de bonheur, si l'on veut, mais tout de même, et il m'est venu à l'esprit que cela pouvait tenir au fait que j'ai, en un sens, inauguré une nouvelle vie. J'ai cru sentir que le livre de ma vie allait s'ouvrir et que je pourrais en lire la première page. Mais si cette page était blanche ?

Ces derniers temps j'ai souvent envie de sauter du pont, de la tour Eiffel, de me jeter dans le vide. J'ai sans doute du mal à prendre pied, c'est peut-être aussi que je suis en train de m'aventurer en terrain dangereux, ou du moins malaisé. A moins que ces velléités ne s'expliquent génétiquement ? Mes ancêtres, je vous l'ai dit, étaient des acrobates, pas des acrobates au sol : des voltigeurs, des trapézistes. Vouloir quitter le sol n'est pas forcément dû à une pulsion de mort, on peut avoir ça dans le sang, n'est-ce pas ? et c'est peut-être aussi un signe d'impatience. L'impatience serait-elle le revers de la léthargie, de l'ennui ? Je suis toujours pressé, même quand je n'ai pas de but. Et me revoilà dans la rue.

Pour en revenir aux deux compères de la laverie, que je compte parmi mes rares connaissances, avec Ghislaine, la marchande d'articles de bureau, et Carmen, qu'un Argentin nommé Domingo considère comme ma fiancée, il me semble que je les avais déjà vus quelque part, en Amérique, du côté de Biloxi, pour plus de précision. Je voyageais avec ma femme. Nous conduisions une Chevrolet Impala bleue, c'étaient les vacances. Des hordes d'excursionnistes : si ça n'avait pas été des voitures, on aurait pu penser à une mêlée de phoques. C'était un plaisir d'être pris dans cette mêlée, il y régnait une atmosphère de joie anticipée qui se communiqua aussitôt à nous, l'air était plein de promesses, de perspectives, de bon temps à se payer. Je remarquai une drôle de petite auto décapotée dont dépassaient, outre un amas de matériel sportif, clubs de golf ? canot pneumatique ? deux torses masculins. La plupart des voitures transportaient des familles nombreuses, avec ou sans chien, c'étaient donc de grosses voitures remplies à craquer, seule faisait exception cette toute petite auto. Comme les autres elle roulait vers la mer, et pourtant, en un sens, elle allait à contre-courant, bravement excentrique, dérisoirement réfractaire dans l'euphorie collective qui régnait alentour. C'est à cette petite auto que j'ai involontairement pensé en passant devant la boutique des deux compères, toute chaude de vapeurs de lessive. Le grassouillet au sourire doucereux et affecté ne m'avait-il pas parlé de sa passion pour les voyages d'agrément ? Ah, l'étranger !

Comment sont-ils l'un avec l'autre, ces deux compères, quand ils partent en vacances ? Je suppose qu'ils se chamaillent et se réconcilient, comme tous les couples. Le flux et le reflux des sentiments.

Les deux compères dans leur laverie et ceux dans leur petite auto à Biloxi me firent penser à un film dans lequel Mastroianni joue un homosexuel qui, le jour d'un défilé fasciste à Rome, reste chez lui et fait la connaissance d'une ménagère qui, restée là elle aussi, étend du linge sur le toit de l'immeuble. Il se laisse entraîner dans les préliminaires d'une relation amoureuse impossible, impossible parce que la ménagère, jouée par Sophia Loren, est femme jusqu'au bout des ongles et ne soupçonne en rien l'orientation sexuelle (illicite, sous le régime fasciste) de cet homme poli et réservé qu'elle tient à juste titre pour un *signore* cultivé et sensible – contrairement aux mufles que sont ses fils et son mari, en train de défiler en chemise noire parmi tous leurs semblables ; et, tard dans la soirée, alors qu'ils s'asseyent à table et se congratulent bruyamment de cette grande journée, elle pense au voisin si poli, si chevaleresque à côté de la muflerie des siens, et elle se sent bien seule. Elle devine ce qui les sépare et s'enferme dans une mélancolique résignation. L'homosexuel, le même soir, est arrêté et emmené. Il prend sa petite valise déjà toute prête et part avec les sbires.

Je passais justement devant un marchand de fruits et légumes arabe, et je le regardai qui arrangeait dans leur caisse les pommes vernissées, les alignait joliment pour qu'elles présentent bien, apportait la dernière main à l'édifice de caisses sur le trottoir, devant le magasin, avant de se retirer à l'intérieur pour attendre ses clients du soir. Sous l'éclairage intérieur, l'homme semblait pensif et circonspect. Il ne savait pas qu'il était heureux parce que propriétaire d'un magasin, père de famille et, à cause de cette famille, en proie à des attentes, à des contraintes, à des soucis, mais doté par elle d'une appartenance et donc d'une patrie, au lieu d'être, comme moi, tombé hors du monde, hors du temps. Dans l'horreur d'un éternel dimanche, je traversais le monde ouvrable des autres et portais la honte de ma superfluité comme un manteau de deuil. Sous ce rapport, même les deux compères, qu'ils fussent dans leur laverie ou en vacances, étaient dignes d'envie car *dans* le temps.

Et la fourrure de la truite ? Etait-ce le legs de ma prétendue tante ? Son message ? Oui, la truite n'est pas seulement l'être le plus glissant que je connaisse, mais aussi le plus brillant, surtout quand elle saute. Non, Carmen ne pouvait nullement être appelée ma truite. La truite est le plus insaisissable, le plus fuyant, le plus exposé, le plus vulnérable, le plus trompeur et espiègle, le plus beau des êtres d'argent, c'est de l'*argent liquide* à proprement parler. Je commence à comprendre qu'on puisse éprouver le besoin de le recueillir dans un manteau de fourrure, dans une peau de bête, et de l'y réchauffer,

dis-je à ma tante morte, qui était bien enterrée à Aix-les-Bains et donc absente, mais n'en était pas moins là.

Qu'est-ce que tu me racontes, petit, dit-elle. Comment peux-tu radoter ainsi, fais attention, il faut garder sa langue, Dieu sait où ça peut mener, mentalement, quand on se laisse aller comme ça. Je connais des gens qui ont commencé par débiter ce genre d'âneries et sont devenus complètement fous. Ils n'ont pas su tenir leur langue, elle a échappé à leur contrôle, et tout ça a fini par les conduire à l'asile. Prends garde à toi.

Le mot "langue" m'agaça. J'aurais préféré qu'elle parle d'un bouillonnement de mots. Je pensai aux bouches de lavage au bord des caniveaux, que les balayeurs, tôt matin, ouvrent avec leur clé pour faire bouillonner l'eau. Je ne sais pourquoi ce ruissellement d'eau qui coule si pressée m'exalte et me réjouit à ce point. Ces derniers temps j'ai beaucoup affaire à l'eau et à ses habitants, l'eau, c'est comme la pensée, la parole, le voyage.

Je m'assis dans le fauteuil monumental et pris un air fermé. Jusqu'à ce que ma tante disparaisse et que je reste seul.

J'avais faim. Irais-je manger un sandwich au *Bar du Football* ?

D'autres ont un cœur, moi, à la place, j'ai une truite.

Sur le chemin du *Bar du Football*, je compris subitement ce que signifiait le sentiment perdu dans l'autre bar.

C'était la chanson *country* fredonnée par le juke-box qui l'avait déclenché ; cette chanson, c'était celle que nous passions dans la Chevrolet Impala en traversant les Etats du Sud, elle était sur notre cassette préférée. Nous étions amoureux, la plupart du temps je tenais mon amoureuse par le cou et conduisais de l'autre main, je ne pouvais pas la lâcher une seconde, non, je n'étais jamais assez près d'elle. Nous ne devions donc pas rouler très droit. Un motard, qui nous avait pris en chasse, la sirène hurlante, et fait stopper, commença par éplucher mes papiers et s'assurer que j'étais bien à jeun, puis il me dit en désignant ma femme : Tu ferais mieux de te concentrer un peu plus sur la route et un peu moins sur madame, Frank. Une telle familiarité, sous ces dehors martiaux, m'avait surpris et ému. Il dit cela d'un ton officiel, sans clin d'œil, et nous laissa filer.

Au *Bar du Football*, pas de Carmen. Tant mieux, ce n'était pas le moment. Je mangeai mon sandwich et revins à l'appartement, allumai la télévision, zappai et tombai sur un documentaire où l'on voyait Tolstoï vieux.

Le film était hachuré et les images tremblaient. Je ne savais pas que Tolstoï avait été filmé de son vivant, Tolstoï, au cinéma ? Pourtant c'était bien lui, un petit homme avec une longue barbe et un visage ridé, sans dents. On aurait dit un moujik, certainement pas un comte ni un écrivain. Et encore moins l'auteur d'*Anna Karénine*. Dans le film, on voyait sa machine à écrire. On le voyait aussi faire du vélo.

Tolstoï, jeune, avait été un officier du Caucase et un viveur ; avec l'âge, c'était devenu un disciple de Jésus-Christ, frappé de châtiments divins et tourmenté par la chair, qui rejetait tous ses privilèges, libérait ses serfs, fondait des écoles pour leurs enfants et fabriquait lui-même ses bottes. J'étais partagé entre l'admiration et la déception. Il exagère, aurait dit ma prétendue tante.

Je fus réveillé par un bruit de choc, comme si un objet était tombé par terre. Je me levai et me mis à la recherche de débris, ou au moins d'une explication. En vain. Et s'il y avait des revenants dans l'appartement de ma tante ? Qui était donc l'esprit frappeur ? Ce ne pouvait être ma tante, elle n'avait pas besoin de ça pour être présente, plus ou moins présente, en tout cas. L'esprit de Tolstoï ? Ridicule. Tolstoï a certainement trouvé le repos éternel, il repose en paix. Les esprits sont des êtres sans repos, murmurai-je. Celui qui n'est toujours pas en repos à l'heure qu'il est et aura sûrement du mal à retrouver le sommeil, c'est moi. Vivement le matin, *ma tante**, je peux quand même vous appeler comme ça ? Au fait, est-ce que je vous ai raconté l'histoire des poules noires ?

Nous habitions une maison perchée dans les collines de Toscane et donnant sur des hauteurs. Quand il faisait soleil, on voyait la mer et, dans le lointain, ou peut-être en imagination, l'île d'Elbe. Mais il faisait rarement soleil, c'était l'hiver, le plus souvent notre maison était plongée dans la purée de pois et quelquefois dans la tempête, voire dans des rafales de neige. Elle était encastrée dans le rempart, c'était un peu comme si nous habitions le rempart de cette petite ville, nous nous tenions très souvent dans la seule pièce ayant une vue, un espace vitré de toutes parts, que réchauffait le soleil lors de ses rares apparitions ; nous l'appelions le cockpit. Nous avions froid, nous faisions tout le temps du feu dans la cheminée, et le petit radiateur électrique restait allumé nuit et jour. Nous, nous deux, mon amoureuse et moi. Je l'avais enlevée, nous étions amants, nous nous serrions, étroitement enlacés, à cause du froid mais aussi de notre désir, comme pour nous fondre l'un dans l'autre.

Mais par moments nous étions des étrangers, deux êtres adultes, de sexe différent, d'âge différent, d'origine et de langue différentes, se faisant face, debout, dans le cockpit. Nous regardions par les fenêtres. Il n'y avait rien à voir, ou pas grand-chose, un jour un chasseur avec sa carabine en bandoulière, les hauteurs, les prés. Nous faisions la cuisine, nous lisions, nous attendions – mais qu'attendions-nous donc, nous qui avions tout ? Un jour je vis mon amoureuse plantée devant la vitre, elle avait l'air rêveur. De quoi pouvait-elle rêver alors que nous étions ensemble ? Je me mis derrière elle et vis, au pied du rempart, quelques poules noires qui couraient en tous sens, elles étaient le seul signe de vie, elles représentaient notre monde extérieur. Je vis sourire mon amoureuse. Bien sûr qu'elles étaient drôles, ces petites poules en train de courir fébrilement, mais enfin : comment pouvait-elle s'intéresser à des poules, à des volailles, rêvait-elle donc d'une vie sans moi ? Déjà la jalousie me rongeait, non, pas la jalousie : le doute. J'attirai à moi mon amoureuse : Dis-le-moi, dis. C'est infernal l'amour, madame. Je n'attendis pas les protestations de ma "tante", m'habillai et me précipitai dehors.

Il ne faisait pas encore jour ; aucun passant, des immeubles et des boutiques fermés. Je remontai la petite rue au flanc du Sacré-Cœur, traversai la placette et pris l'escalier qui grimpait à pic. A mi-hauteur je m'arrêtai en entendant le gémissement d'un chien. Je le voyais en bas, dans un coin de la placette, c'était un setter, un setter anglais gris-noir, efflanqué, sans doute une femelle. Un chien perdu, symbole du délaissement. Si seulement les balayeurs venaient enfin ouvrir le jour et les bouches de lavage. Si seulement le premier café ouvrait, si seulement j'avais quelqu'un à retrouver, quelqu'un qui m'attendrait. Tant pis. Je m'appelle Frank et je n'ai pas peur, puisque je sais voler.

Les Stolp, au cirque du même nom, avaient monté un numéro qu'ils appelaient "Le Hollandais volant", un numéro à deux où l'un des acrobates sautait du trapèze et embrassait l'autre sur la bouche avant de se rattraper à ses mains. Plus tard, on l'avait rebaptisé "Le Baiser volé".

Dans la maison à la hune vitrée, nous nous mêlions en un baiser éternel ; un seul corps et une seule âme, pensais-je avec un frisson d'incrédulité. C'était une fusion qui semblait absolue. Et si je m'éloignais, ne fût-ce qu'un instant, pour voler de mes propres ailes, je tombais dans le vide. Ce ne pouvait pas être vrai, un tel amour ne pouvait être vrai, je devais m'abuser, me faire des idées. Et si c'était un jeu ? Je laissais germer la graine du doute, la graine des pires chimères. Pour croire à mon bonheur, il fallait que je l'expose au doute destructeur. Malade d'amour ? Maladivement amoureux ?

J'allai chez Carmen, sonnai et, dès qu'elle ouvrit, encore tout ensommeillée, ébouriffée et sentant le lit, je l'attrapai à bras-le-corps, la portai jusqu'au lit et m'abattis sur elle. Je lui sautai dessus sans même lui avoir accordé un salut, et je finis par m'endormir sur son corps.

Quand je me réveillai, j'étais seul dans l'appartement. C'était l'après-midi. Je quittai l'immeuble, mangeai rapidement un morceau au *Bar du Football* et traînai dans les rues. Je m'assis sur un banc de square, regardai les moineaux et les enfants qui jouaient. Le kiosque à musique en fer forgé, au milieu du jardin, était significativement vide. J'aurais dû m'y attendre. Je regardai les vieux qui lisaient leur journal sur les autres bancs, observai le gardien en uniforme qui faisait de même dans sa petite guérite, les jeunes mères. Il y avait aussi des filles africaines et asiatiques qui surveillaient les enfants, des bonnes, des baby-sitters. Je respirai l'odeur de pisse de chat que dégageaient les haies de buis, mes yeux fixèrent le vide et le bout de mes chaussures. Pourquoi avoir ainsi sauté sur Carmen ? Pour l'assassiner, ou pour assassiner le souvenir de ma femme qui m'avait quitté ? J'étendis les jambes et me plongeai dans mes pensées.

Le soir approchait, les rues s'animaient, je pris le grand boulevard, passai devant une menuiserie, examinai toutes les planches empilées, de tailles et de teintes différentes, qui remplissaient un immense entrepôt à charpente métallique vieillotte et à verrière ; tout au fond, des baraques abritaient des bureaux et les guichets des caisses. Les chariots élévateurs étaient au repos, on voyait leurs longues fourches de métal. Je sentais l'odeur du bois et celle, différente, des copeaux et de la sciure. Je pensai aux forêts, à l'abattage des arbres. Je n'avais plus qu'une envie : me perdre dans la cohue, me laver dans le courant de ces flots humains. Avais-je fait mal à Carmen ?

Derrière Clichy, je tombai sur la tente d'un cirque. C'était l'entracte. J'achetai un billet à l'homme en livrée qui gardait l'entrée et trouvai une place à mi-hauteur des gradins de bois. La musique des haut-parleurs faisait vibrer la tente, la tribune des musiciens était vide. Un clown faisait l'idiot dans les rangs – le clown de l'entracte. J'observai deux adolescentes qui suçaient des glaces quelques rangs en dessous de moi, elles paraissaient attendre la suite avec une parfaite indifférence, l'air boudeur et blasé. Puis le spectacle commença, avec tout de suite des numéros de fauves. D'abord ce fut un dompteur en costume colonial blanc, qui commandait à dix gros lions mâles, les poussait, les tirait, les faisait sauter à travers des cerceaux enflammés, se rouler par terre, se coucher en formation de parade, s'asseoir, marcher. Il monta aussi sur le dos de l'un d'eux. Pour la sortie de scène, chaque lion dut ramper entre ses jambes ou sauter au-dessus de lui. Il les traitait comme de vulgaires toutous, parfois comme des petits chats. Et pourtant il est seul dans *l'antre du lion*, pensai-je, tout seul avec son courage.

Il y eut en interlude des jongleuses chinoises d'une adresse incroyable, elles étaient même capables de se mêler au jeu de leur voisine : tout en jonglant elles-mêmes avec leurs multiples quilles, elles lui prenaient des mains, pour ainsi dire, les quilles virevoltantes. Le clown n'était pas mal non plus.

Ensuite il y eut un numéro d'ours polaires avec une dompteuse tchèque en bottes hautes. Malgré leur côté ours, ces plantigrades n'avaient-ils pas aussi quelque chose du pingouin et du castor ?

N'avaient-ils pas, comme eux, un museau hydrodynamique et un pelage visqueux ? Par ailleurs, debout, ils sont plus gros que des lions. La dompteuse leur envoyait des bourrades dans les côtes, les tirait, leur grattait la tête, leur donnait à manger de la bouche à la bouche, et bien sûr ils devaient également faire le beau et danser. Quand, impérieuse et gracile, elle disparaissait au milieu de ces énormes bêtes, elle semblait se changer en princesse de glace. Bientôt elle atteindrait le point de congélation et se casserait. Je n'eus pas envie de voir le numéro de trapèze qui était annoncé, je ne voulais pas voir les acrobates s'écraser sur le sol. Je me levai.

Revenu dans la rue, je pris d'abord pour un numéro de cirque la clocharde informe qui, dans sa robe en sacs, progressait sur des pieds enveloppés de chiffons.

Au fait, existait-il des manteaux de lion et d'ours polaire ? Et si non, pourquoi pas ? Allais-je poser la question au fourreur installé à côté de l'immeuble de ma tante ?

Chez moi, je tirai le tas de fourrures dans le couloir. Je voulais m'en débarrasser une fois pour toutes, mais comment faire ? Les offrir à la concierge, ce n'était pas possible. Allais-je les proposer au fourreur ? Et si ce dernier me prenait pour un voleur, ou un receleur, et alertait la police ? Comment prouver que j'en étais le possesseur ? Les démarches successorales n'avaient toujours pas abouti, il n'y avait pas eu d'inventaire après décès. De plus, où avais-je rangé les bijoux et le sac en crocodile que la police m'avait remis en échange d'une signature ? Découragé, je reportai les fourrures à leur ancienne place.

J'allai voir Ghislaine dans sa boutique d'articles de bureau, pris de ses nouvelles, et lui dis :

A supposer qu'il y ait des objets de valeur dans l'appartement resté vacant après le décès de votre amie et que j'occupe en ce moment (vous le connaissez, et vous deviez même le connaître avant votre visite de l'autre jour), pensez-vous que je puisse aliéner les biens en question ?

Je commençais à me demander ce que vous deveniez, mon ami, ça fait une paie que je ne vous ai pas vu. Je vous croyais déjà reparti. Alors, comment va ?

Oh, j'essaie de prendre pied dans ces conditions nouvelles, j'essaie entre autres de m'installer un peu dans ce petit appartement, mais il y a tellement de trucs et de machins dont je ne sais que faire. Vous croyez que je pourrais enlever les petites choses, les vêtements par exemple, ce qui ferait de la place pour mes affaires à moi ? Si je vous pose la question, c'est que les démarches successorales ne sont toujours pas closes. Est-ce que les vêtements, les fourrures en particulier, sont à considérer comme des objets de valeur ? Tant que la procédure est pendante, dois-je me considérer comme le gardien ou comme l'héritier du legs de ma tante ? Ou alors n'entend-on par "legs", en fait, que les avoirs bancaires, les actions et les biens immobiliers ? Ces valeurs-là sont probablement enregistrées quelque part, et donc intangibles. Mais les biens meubles, sur lesquels je n'arrête pas de trébucher dans cet appartement étriqué, et qui m'oppressent à cause de leur valeur énigmatique de traces ? Comment faire disparaître les témoignages d'une vie ? Je vous ai raconté, n'est-ce pas, que ma femme m'avait quitté. Elle n'est plus là, et je pourrais, suivant votre aimable conseil, tirer un trait dessus, comme on tire un trait au bas d'un compte clos, mais par ailleurs elle est toujours là, je veux dire dans ma tête, sinon dans mon cœur, et dans mon corps aussi, que faire de ces choses qu'on vous lègue, je vous le demande un peu. Bien sûr, j'espère l'oubli et l'apaisement, c'est-à-dire l'effacement de son image dans mon esprit. Quant aux biens laissés par ma tante dans son appartement, j'essaie de ne jamais vraiment mettre la main dessus, car ils n'ont pas encore vraiment refroidi. Mettre la main dessus, ce serait comme un meurtre. Je voudrais vous demander : auriez-vous l'usage de l'une ou l'autre fourrure, chère Ghislaine ? Et à l'occasion, pourriez-vous aussi m'aider à déterminer de quelle espèce sont les fourrures restées dans l'appartement ? Il ne s'agit pas de savoir si elles sont vraies, ça paraît hors de doute ; ce n'est pas non plus leur valeur qui m'importe, mais l'animal dont elles proviennent, je n'y connais rien. Dernièrement, au cirque, j'ai assisté à des numéros de fauves, et je me suis demandé s'il existait aussi des manteaux en lion et en ours polaire. Des manteaux en peau de loup, j'en ai déjà vu, il y en a. Si je m'intéresse au monde du cirque, c'est parce que mes ancêtres étaient des gens de cirque, des voltigeurs, plus exactement. Les fauves n'étaient pas leur rayon. Ah, si je pouvais jeter ces maudites peaux au caniveau, et voguent mes fourrures ! J'aimerais bien me défaire de tout ce fourbi qui encombre l'appartement, seulement je n'ose pas y toucher, qui sait ce que déclencherait ce geste ? L'autre nuit, j'ai été réveillé par un objet qui, inexplicablement, était tombé par terre – c'était spectral.

En ce qui concerne les vêtements de votre tante, ne vous faites plus de souci, *cher ami**, il existe assez d'organismes caritatifs auxquels ils peuvent servir, je vous donnerai volontiers les adresses. Quant aux fourrures, je pourrais en effet y jeter un coup d'œil, à l'occasion. Est-ce que vous ne seriez pas un peu formaliste ? Vous avez tendance à tout compliquer, j'ai l'impression. Et vous me paraissez aussi un peu nerveux, je dirais même : tendu. Quoi qu'il en soit, je me ferais un plaisir de vous inviter à manger chez moi, dites-moi quand ça vous arrange.

Formaliste ? Tendu ? Je ne dirais pas ça. Simplement, je suis toujours pressé. Au fond je suis un impatient, même si j'ignore ce qui me fait courir. Quant à votre invitation, je l'accepte de grand cœur. Quand vous voulez, Ghislaine, merci beaucoup.

Ghislaine habitait, dans le 13e arrondissement, un appartement spacieux pour une personne seule, et aménagé avec goût. Elle s'était faite belle et portait des boucles d'oreilles en forme de balancier qui, de temps à autre, lançaient un éclair. Sur la table, de hautes bougies brûlaient dans de beaux chandeliers anciens. Pourquoi ces cérémonies ? Ce n'était pas Noël. Voulait-elle m'amadouer ? m'ensorceler ? Il y avait de l'épaule d'agneau aux haricots en plat, avec un vieux bordeaux. Et du Vivaldi en musique de fond.

Nous restâmes empruntés, face à face, à manger en silence, jusqu'à ce que le vin fasse son effet et qu'à la musique baroque succèdent des tubes. Surtout pas de chanson *country*, murmurai-je, et j'allais raconter à Ghislaine la scène du motard américain quand je me rendis compte que son visage se fermait. Elle ne supportait pas que je parle de ma femme. Etait-elle jalouse ? Avait-elle des vues sur moi ? Je ne l'y avais pourtant pas encouragée. Mais je me trompais, peut-être. Je la fis lever de sa chaise et passai mon bras autour de sa taille pour danser. Elle dansait avec passion, s'alanguissait comme un fromage à point. Pourquoi pensais-je à du fromage, est-ce qu'elle sentait ? Au fond, je ne peux pas la sentir, pensai-je, je ne peux pas la sentir comme femme, même si je l'estime en tant que personne. Si seulement elle ne se jetait pas à ma tête comme ça. A côté d'elle, Carmen est d'une réserve bienfaisante. Carmen n'a rien de collant, pensai-je, et je défis l'étreinte de la commerçante qui dansait collée contre moi. Plein de correction, je la raccompagnai à sa place, brisai la coulure de cire du chandelier, nous resservis de vin, me renversai sur ma chaise et pris un air béat.

*Rien de tel que les voyages*, vous ne trouvez pas, chère Ghislaine ? Je sais, vous allez me demander pourquoi je parle de voyager. Epargnez-vous cette question, je n'y répondrai pas. Nous la laisserons ouverte. Les questions ouvertes sont plus belles que les questions résolues ou résolubles, car elles laissent vaguer l'esprit. Vaguer est beau, extravaguer est trop. Je vais maintenant me mettre en route, si vous le permettez. Ce fut une délicieuse soirée, je vous en remercie.

Il était presque une heure, j'avais de la chance, la grille du métro n'était pas encore fermée. J'aurais le dernier métro. Sur le quai, deux sans-abri bavardaient sur un banc, il n'y avait personne d'autre. Je me mis à l'écart, mais pas trop, pas de manière à leur faire croire que j'avais peur. Cependant l'un des deux fondit aussitôt sur moi et me tendit la main. Je cherchai de la monnaie, n'en trouvai pas, fis une mimique de regret et dis que malheureusement je n'avais rien ; là-dessus, il vint tout près de moi et allongea le bras vers ma poche de veste. Je le repoussai en souriant, comme si c'était un jeu, et dis à voix haute : Ça suffit, maintenant. Son compère, depuis le banc, lui cria : Laisse-le. Il s'écarta, me souffla au visage son haleine de poivrot, fit le geste de couper une gorge et péta. Le métro arrivait. Une chance.

Au *Bar du Football*, le lendemain, je tombai sur Carmen. Ça faisait longtemps, dit-elle. Au-dessus du flipper, le choucas grattait du pied.

Je ne supporte pas cet oiseau. Non seulement il est tout ébouriffé, mais il a l'air d'avoir un pied dans la tombe. Ce ne sont pas des oiseaux de mort, les choucas ?

Carmen ne me suivit pas sur ce terrain. Mais elle n'évoqua pas non plus mon agression nocturne.

Comment vont les affaires ? dit-elle, insidieuse. Je veux dire : A quoi passes-tu tes journées ? Tu te rends compte que jusqu'ici tu ne m'as encore rien dit de ce que tu faisais ? Je ne sais pratiquement rien de toi, à part que tu as des ancêtres acrobates et que tu es trop pressé. Tu trouves ça normal ? surtout entre deux personnes qui sont quand même devenues assez intimes, sur un autre plan ? Tu vis seul ? Tu as un métier ?

Un métier ? Oh, tu sais que l'autre soir j'ai failli me faire agresser. Je remontais cette rue de Clignancourt qui est si ennuyeuse, il devait être deux heures du matin, tout était mort, pas un chat à la ronde. Et voilà que j'aperçois un groupe un peu plus haut, totalement silencieux, ils devaient être six, des Africains, six hommes noirs dans l'obscurité de la nuit. Ils ont traversé la rue pour m'attendre sur mon trottoir. L'un s'est approché de moi : Vous avez du feu ? J'ai sorti mon briquet, Je vous en prie, et j'ai allumé sa cigarette. C'est maintenant, j'ai pensé, c'est maintenant qu'ils vont te faire la peau. Et en même temps je devais me mordre la lèvre pour ne pas rire. Mais l'homme s'est effacé, m'a dit merci et m'a laissé filer. Pourquoi ces détrousseurs m'ont-ils laissé tranquille ? J'avais de l'argent sur moi, une montre… Pour eux, je ne valais donc pas la peine d'être agressé ? En rentrant, j'ai eu l'impression que les meubles s'étaient multipliés en mon absence. Je ne pouvais plus bouger. Avant, mes logements n'étaient jamais assez dépouillés à mon goût, et maintenant je me retrouve dans une sorte de garde-meuble plein à craquer, où pourrissent des peaux de bêtes, pardessus le marché.

Si tu veux savoir, je t'avouerai qu'en ce moment je m'occupe de fourrures, pas exactement en tant que receleur, mais tout de même. Il y a une quantité fabuleuse de vestes et de manteaux de fourrure là où je loge, je pourrais te les faire voir, mais pour ça il faudrait que tu viennes chez moi.

Nous sortîmes du *Bar du Football* et gagnâmes sans nous presser l'appartement de ma tante.

Alors c'est ici que tu habites ? fit Carmen. On ne dirait pas un ménage de garçon.

Nous sommes chez une personne qui, disons, m'est proche familialement. Parfois, elle se dit ma tante. Elle n'est pas là en ce moment. Je me suis réfugié chez elle. Quant à l'avenir, j'y réfléchis. Ainsi, récemment, j'ai pensé à un numéro d'acrobatie où celui qui saute du trapèze ne serait pas rattrapé par les mains, mais ne tomberait pas non plus. Il disparaîtrait dans les airs, tout simplement. *Il disparaîtrait*, insistai-je.

Les yeux de Carmen se mouillèrent de larmes. Elle prit ma tête entre ses mains et se mit à me palper le visage, yeux, front, pommettes, bouche, lèvres. Elle appuya ma tête contre elle et se mit à me caresser les cheveux. Je l'entendais pleurer. Mon pauvre petit, chuchota-t-elle.

Au fait, comment va Domingo ? murmurai-je, pour faire diversion. Elle ne répondit pas. Alors je me laissai faire, jusqu'à ce que les sanglots s'apaisent.

Allons, Carmen, ne te fais pas de souci. A mon tour je la pris dans mes bras.

Autrefois, ma chérie, il y avait ici un aveugle, un voisin aveugle, j'aimais sa voix méditative. Parfois je rêve de réentendre cette voix. Elle résonnait comme le Verbe impénétrable de Dieu dans le cosmos… Allons manger. Les fourrures, ce sera pour une autre fois. Et j'ajoutai pour moi, trop bas pour qu'elle comprît : Pourquoi l'amour ne m'a jamais réussi ?

Qu'est-ce que tu dis ? fit-elle, encore en larmes.

Rien, rien d'important. Allons-y.

Je pensais à l'inconnue qui, dans un bar aux lumières tamisées, m'avait pris la main sans préliminaires. Elle s'était contentée de chuchoter : “Où allons-nous ?”, dans un mauvais allemand aux consonances slaves. Je l'avais emmenée à l'hôtel et, au moment de nous séparer, elle avait palpé mes traits comme l'aurait fait une aveugle, comme si elle voulait s'imprégner à jamais de chaque détail. Plusieurs semaines après, j'avais reçu une carte : elle ne m'avait plus donné de ses nouvelles, écrivait-elle, parce qu'elle avait été arrêtée et mise en prison. Elle venait d'être libérée, mais on l'avait expulsée du territoire. Elle voulait s'excuser de son silence. Je n'en avais plus jamais entendu parler.

Je t'ai fait mal l'autre nuit, ma chérie ?

Nous entrâmes dans un restaurant qui s'appelait *A la Bonne Table* et que j'avais découvert, peu auparavant, dans la rue Séveste. Il était bourré de mangeurs, de bâfreurs qui semblaient tous se connaître. Sans arrêt, des réflexions et des piques volaient entre les tables. Même le petit chien qui allait partout mendier, et parfois devait faire le beau quand un des clients lui tendait un bon morceau, semblait connu de tous. C'était peut-être le chien de la maison.

A peine étions-nous installés qu'on posa sur notre table une véritable tour de raviers en grès dans lesquels s'empilaient les entrées, saucissons, salades, poissons, pâtés, œufs ; le vin et la corbeille débordante de pain, eux aussi, nous furent apportés d'office. Le long des murs courait une frise colorée montrant des scènes de cabaret, réminiscences d'une vie montmartroise révolue.

La *Bonne Table* n'était pas seulement un lieu de restauration, c'était le plus savoureux des cours pratiques sur la gastronomie française. Aux entrées succédèrent les plats avec viande et légumes, puis les fromages, les gâteaux et les fruits. La patronne surveillait d'un œil attentif la bombance de ses enfants, et derrière le comptoir trônait le patron, qui s'occupait des digestifs.

Tu n'es pas fou de m'emmener ici ? feula Carmen. Il faut hurler, ici, pour s'entendre parler. Et puis, tu veux ma mort ? ajouta-t-elle avec un regard de dégoût à cet étalage de mets. Je n'ai absolument pas faim, et même si j'avais eu faim, ça me serait tout de suite passé dans cet endroit.

Ta mort ?

Voilà que tu parles comme la dame qui se dit ma tante. Toujours il faut qu'elle me cherche des poux dans la tête. Tu ne peux pas me laisser en paix, je veux dire, me laisser prendre la vie comme elle vient ? Je reconnais que nous ne sommes pas dans un petit bistro intime et encore moins dans un confessionnal. De plus, je te ferai remarquer qu'à part ton nom je n'en sais pas beaucoup plus sur toi que toi sur moi. Est-ce qu'il faut nécessairement tout savoir l'un de l'autre ? Savoir est inhibant. Si les acrobates savaient avec certitude qu'on les rattraperait après leur saut, ils n'auraient pas besoin de se jeter dans le vide. Il n'y aurait pas de risque. Au moment où ils se jettent dans le vide, peut-être qu'une sorte de savoir leur traverse l'esprit. Le reste du temps, ils savent au mieux comment fonctionne leur corps. Les voltigeurs sont de drôles d'oiseaux. En comparaison, les véritables oiseaux sont bien peu fantaisistes, quoiqu'ils se donnent des airs de grands comiques. Est-ce qu'il n'est pas franchement comique de voir au crépuscule un oiseau solitaire, les ailes lourdes, voler dans le ciel, tout droit et sans dévier, comme s'il avait un rendez-vous important ou un télégramme à délivrer ?

Tu es toute renfrognée. Je t'ennuie, Carmen ?

Parfois j'ai l'impression d'avoir subi une opération réussie, mais dont j'aurais du mal à me remettre.

Une opération ? entendis-je plus tard railler ma prétendue tante. Il faudrait quand même un jour que tu arrêtes de faire le malin. Tu es trop vieux pour ça, un point c'est tout. Est-ce de la perte de ta femme que tu t'es mal remis ? La plupart des mariages se défont, pourquoi le tien aurait-il tenu ? Le sexe ne suffit pas. Un couple doit avoir un projet commun, un projet familial ou commercial. Tu sais bien qu'on ne vit pas de l'air du temps. Qu'est-ce qu'elle t'a fait de si grave, ta légitime ?

Ce qu'elle m'a fait ? répliquai-je. Elle m'a arraché le cœur. Il bat, mais comme un cœur artificiel, comme un cœur mécanique. Il bat, le muscle pompe, mais je ne sens rien. Et avec ce cœur qu'elle m'a arraché, ce sont les souvenirs, les affects, les sentiments d'appartenance qui ont disparu. C'est mon manque d'appartenance qui me fait souffrir. Ah, si nous avions été des amants acrobates, nous retenant aux mains l'un de l'autre après chaque saut de la mort ! Rien que ça : nous jeter dans les bras l'un de l'autre, à travers l'espace vide. Est-il possible que nous nous soyons manqués après un saut ? Quand nous sommes-nous manqués ? Quel manquement avons-nous commis ?

Dans l'espace vitré, en Toscane, nous ne cessions de nous jeter dans les bras l'un de l'autre, même quand nous n'étions pas au lit. J'étais assis à la table, mon amoureuse était étendue devant la cheminée. Je sentais les vibrations qu'elle m'envoyait. Il n'y avait pas de pause, pas de relâche. Comme j'étais pris par l'amour ! Je suis en plein dedans, dans ce tout, dans cette beauté qui m'enchante et m'assouvit ; encerclé par l'amour, avais-je pensé, incrédule. Et voilà qu'une nuit je rêvai que je poussais des cris à la vue d'une araignée géante. Elle grimpait au mur de ses pattes anguleuses. En regardant mieux, je me rendais compte que son corps était un corps humain : c'était un Anglais en casque et en jambières qui grimpait au mur de ses longues pattes d'araignée, et j'assommais avec le pommeau d'une canne cet Anglais qui, pourtant, me souriait. J'étais en pleurs.

Si j'aime le bruit de l'eau dans le caniveau, est-ce parce que j'espère apercevoir la truite ? J'avais poussé un cri au moment d'assommer l'homme-araignée. Pourtant je me souviens aussi qu'après j'avais crié "Reconnais-moi" à mon amoureuse. Reconnais-moi.

Vous ai-je parlé de mon tout dernier rêve, madame ? repris-je à l'adresse de ma "tante".

Avec ma femme, j'étais à une fenêtre donnant sur la mer et les falaises. Nous vîmes une grosse voiture très remplie descendre les rochers escarpés selon un angle qui ne promettait rien de bon. Horrifiés, nous suivîmes des yeux cette course meurtrière, et la lourde voiture alla effectivement se jeter dans la mer. Nous restions à notre fenêtre, témoins involontaires de la catastrophe. Or, parvenus au fond – l'eau était cristalline –, voilà que les passagers sortirent tranquillement de voiture et se mirent à marcher sans se presser. Et nous découvrîmes que le fond de la mer, aussi loin que portaient nos regards, était peuplé de flâneurs qui allaient en tous sens et se saluaient en se croisant. Si ce n'avait pas été sous l'eau, madame, ç'aurait pu être un tableau dominical hollandais.

Toi et tes rêves, répondit-elle. Au lieu de rêver et de raconter n'importe quoi, tu devrais te trouver une occupation, mon petit. Tu n'as donc rien en chantier ?

Si seulement tu arrêtais de faire le malin pour te mettre à quelque chose.

Je restai silencieux. Impossible de lui expliquer que je ne parlais pas par simple goût du papotage, mais pour noyer le poisson.

Lorsque Carmen, quelques jours après, passa me faire une visite-surprise, je fus choqué. Qu'est-ce qu'elle avait derrière la tête ? Venait-elle m'espionner ? C'était la première fois qu'on sonnait à ma porte.

J'ai pensé que je pouvais venir jeter un coup d'œil aux fourrures, d'autant plus que j'avais à faire dans le coin, dit-elle. Tu n'as rien contre ? La dernière fois, j'étais de mauvaise humeur et donc un peu sèche. Ce restaurant n'était vraiment pas mon genre.

Je posai la main sur le tas de fourrures du couloir.

Une vraie collection, fit-elle. Elle se passa une veste sur les épaules. Tu as un miroir ?

Je la conduisis devant le grand miroir à cadre doré au-dessus de la cheminée. Je lui passai autour du cou le renard à la tête empaillée.

Tu peux partir avec.

La propriétaire de l'appartement n'apprécierait peut-être pas, répliqua-t-elle d'un ton mutin. Au fait, elle existe ? On ne sait jamais où on en est, avec toi. Ton comportement est, disons, déroutant, pour ne pas dire plus. Imprévisible, plutôt. Comme l'autre nuit, par exemple. Tu voulais savoir si tu m'avais fait mal. Mal, non. Tu m'as tout bonnement violée, cher ami. Je ne comprends vraiment rien à toi. J'aurais pourtant couché avec toi sans que tu emploies la force. Ça n'aurait pas été la première fois. Qu'est-ce qui t'a pris ?

Elle détaillait l'appartement. Dans la cuisine, elle éclata de rire. Une crasse pareille, ce n'est pas croyable. Comment peux-tu vivre dans cette porcherie ?

Ses yeux tombèrent sur la cuisinière crasseuse, elle se mit en quête d'une éponge et de produit nettoyant.

Non, Carmen, s'il te plaît, la rabrouai-je. Pas d'ingérence. Ingérence, effraction, c'est du pareil au même. Je ne veux rien changer tant que la situation ne sera pas tirée au clair. A ce moment-là, soit je m'installerai, soit je déménagerai, et dans un cas comme dans l'autre, bien sûr, je nettoierai.

Voilà que tu recommences à parler par énigmes. Tu habites ici, oui ou non ?

Je ne répondis pas.

Comme tu veux. Je ne veux pas être indiscrète. Elle s'apprêta à partir.

Si tu as besoin de moi, fais-le-moi savoir, ajouta-t-elle. Je lui ouvris la porte.

Surtout pas de *ménage à deux**, alors là, non. Pas d'immixtion, pas de dispute, murmurai-je avec un soupir de soulagement. Je dévalai l'escalier et frappai à la porte de la loge. Madame, je ne veux pas de visites, dis-je à la concierge en regardant son visage d'un rouge toujours aussi malsain et sa cibiche au coin de la bouche. Si quelqu'un me demande, je vous prierais désormais de l'envoyer promener. Dites que je ne suis pas là. Je n'y suis pour personne.

Je n'ai rien à faire dans l'appartement de ma tante, je n'ai pas ma place là et ça restera ainsi, murmurai-je dans la rue. Comment Carmen peut-elle avoir l'indiscrétion de prétendre mettre la main à la pâte, de but en blanc, dans un appartement totalement inconnu ?

A quelques immeubles de là stationnait une ambulance, le gyrophare allumé et les portières ouvertes. Les infirmiers, qui sortaient de l'immeuble, firent glisser à l'intérieur la civière empaquetée. Du malade, on ne voyait que le visage, un visage exténué, à la peau jaunâtre et aux yeux enfoncés. Les badauds, sur le trottoir, gardèrent le silence jusqu'au départ du véhicule. Que cachait ce silence ? Certainement pas de la pitié. Un frisson chatouillé ? Ils sont vivants, *eux.* Qu'ils aillent tous au diable.

Ma tante n'aurait certainement pas apprécié qu'une parfaite inconnue vienne manigancer dans son appartement. Elle aussi, semble-t-il, était entrée à l'hôpital sur une civière, même si elle avait encore sa connaissance, comme on dit, et comprenait ce qu'on lui disait. Avait-elle envisagé le pire ? Probablement pas, sans quoi elle aurait pris des dispositions.

Cela me fit penser à l'homme qui avait pris toutes les dispositions nécessaires avant de s'en aller mourir à l'hôpital. C'était dans une maison de vacances du Tessin : je détaillais la bibliothèque, bureau, fauteuil, sofa, murs couverts de livres, car j'allais passer un certain temps entre ces murs. D'après la gouvernante, l'ordre immaculé qui régnait ici était en quelque sorte un ordre de dernière main. Pendant toute une nuit, dans cette même pièce, le propriétaire avait non seulement rangé, mais mis en ordre tous ses papiers, jeté telles choses, détruit et même brûlé telles autres, et le lendemain matin, avec une petite valise contenant le strict nécessaire, il avait pris le chemin de l'hôpital, pleinement conscient de sa mort imminente. L'expression "ordre de dernière main" m'avait fait frissonner ; je m'étais demandé si cette maison était bien l'endroit qu'il me fallait.

Est-ce que j'allais parler à Carmen du décès de ma tante ? Et pour quoi faire ? Savais-je ce que l'avenir me réservait ? Avais-je offensé Carmen en la laissant partir ? En me proposant de nettoyer, elle ne pensait pas à mal. Bien sûr que j'aurais dû nettoyer. Si je ne voulais pas le faire, était-ce pour que l'appartement reste celui de ma tante ? Ne pouvais-je pas le considérer comme l'appartement de ma tante et néanmoins nettoyer un peu ? – après tout, je faisais bien mon lit, au moins de temps en temps. Impossible de trancher, en tous les cas pour l'instant. Savait-on ce que l'avenir nous réservait ? Craignais-je, en nettoyant, que l'appartement ne devienne *mon* appartement ? Que ma tante ne cesse d'être "là" et que je ne reste tout seul ? Il est certain qu'alors je ne pourrais plus prétendre n'avoir *rien à faire là*.

Je fis demi-tour, m'arrêtai devant la quincaillerie, en face de chez ma tante, et regardai les marchandises qui étaient en vitrine. Parmi un amoncellement d'engins indéfinissables, il y avait un jeu de clés anglaises, la plus petite à peine longue comme le pouce, la plus grande d'un format plus maniable ; alignées par rang de taille, elles formaient une belle petite famille d'outils. Elles devaient être d'un âge vénérable, nées à une époque où la mécanique se faisait encore beaucoup à la main. Elles avaient un manche légèrement ventru et, en haut, une tête à mâchoires qu'actionnait une molette visible au milieu du manche.

J'entrai dans la boutique et attendis qu'apparaisse la vieille femme que j'avais devinée, le jour de mon arrivée, dans les profondeurs du magasin. Mon entrée avait fait retentir une sonnette, je regardai les clés à mâchoires en attendant la femme ; et je lui dis que je souhaitais voir de plus près ce jeu de clés qui était en devanture, si elle n'avait rien contre. Je pris en main la plus petite, la Poucette, et commençai à tourner la molette, la mâchoire s'ouvrit, la toute-petite ouvrit la gueule, toujours plus grande, jusqu'à ce que celle-ci ait presque la taille du manche et atteigne ainsi un comique surdimensionné. Jamais je n'avais vu une toute-petite aussi crâneuse et forte en gueule. Je résolus d'acquérir la famille des grandes gueules et m'informai du prix. La vieille tenancière me nomma une somme ridiculement modique. En fait, elle ne vendait plus, me dit-elle, le magasin n'était plus vraiment en activité, et depuis la mort du père les marchandises (ainsi qu'elle-même) avaient pris un coup de vieux qui éloignait la clientèle.

A la maison, je disposai la famille des grandes gueules sur le manteau de la cheminée, en dessous du miroir à cadre doré. Elles restaient là en plan, ces luronnes de fonte qui, pour l'instant, ne desserraient pas les dents. Elles n'avaient rien à faire là.

Je me mis à la fenêtre et observai distraitement l'arrière-cour, avec ses caisses à fleurs et les grilles métalliques qui délimitaient le territoire des différents immeubles. Depuis les fenêtres me parvenaient des bruits annonciateurs du soir, des voix. Derrière les vitres, je ne voyais personne.

Je pensai à toutes les fenêtres de la rue, du monde, à tous leurs carreaux noirs, aux pièces qui s'ouvraient derrière et à leurs habitants, les sains et les malades, les pauvres malades du foie. Mais où étaient passés les paysages ? Tout était donc verrouillé, scellé, barré ? Je m'éloignai de la fenêtre et réfléchis à ce que faisaient et pensaient les gens derrière leurs vitres sur la moitié obscure ou éclairée du globe selon le fuseau horaire. Que faire ? La chambre à coucher, avec le lit de ma tante et l'armoire légèrement ventrue, était déjà plongée dans la pénombre ; sombre également l'écran du téléviseur. La plupart des gens, derrière toutes ces vitres, devaient bien sûr parler, rire ou se disputer. Préparer des repas. Regarder la télévision. Lire le journal. Dormir. Se mettre des boules Quiès dans les oreilles. Si je pensais aux boules Quiès, c'est parce que je ne voulais plus entendre, sous aucun prétexte, ce que ma "tante" avait à me dire. On ne peut donc jamais avoir la paix ? On ne peut donc jamais avoir la paix un tout petit moment ?

J'avais notifié à la concierge que je n'y étais pour personne. Allais-je avoir la paix ? Et si le téléphone sonnait ? Je ne décrocherais pas. Et si Ghislaine appelait ? Ou Carmen ? Je résolus d'aller chez Ghislaine pour la prier de s'abstenir dorénavant de m'appeler la nuit. Mais avait-elle seulement appelé ? En mon absence ? Possible, puisqu'elle avait déjà le numéro avant que je m'installe.

Je fourrai dans ma poche la plus petite des fortes en gueule, la Poucette, et quittai l'appartement. Quand j'arrivai devant le magasin de bureautique, Ghislaine était sur le départ.

Comme ça se trouve, dit-elle. Je pensais justement à vous, à la seconde, et vous voilà en chair et en os. A croire que la télépathie existe. Alors, comment va ?

Vous n'auriez pu me poser de question plus difficile, Ghislaine, répondis-je, pour la bonne raison que c'est impossible à savoir. Tout ce qu'on peut savoir, à la rigueur, c'est comment on allait la veille ou les jours précédents ; si les choses sont allées de travers ou ont bien marché, si on a été malade ou non. Mais pour ce qui est de l'instant présent, ça ne se décide que plus tard. Est-ce que nous savons ce que l'avenir nous réserve ? Je me pose rarement la question, car tout est fluctuant. En venant, je réfléchissais à ce qu'on entend dans l'appartement quand on règle son oreille sur les logements environnants. A vrai dire, je n'ai pu distinguer que les bruits de chasse d'eau, pas de voix ni encore moins de conversations. Ni de détonations. Ce qui a lieu à côté se fait à petit bruit, voire inaudiblement, il est presque impossible de savoir de quoi il s'agit. Quand le téléphone sonne, c'est autre chose. Vous n'auriez pas appelé, récemment ? En fait, je voulais vous prier de bien vouloir vous abstenir de m'appeler, surtout la nuit. Les appels sont des agressions. Ainsi, dernièrement, j'ai été bien effrayé quand on a sonné à la porte. C'était une visite-surprise. Je n'y étais pas préparé, et je n'ai peut-être pas été très poli, surtout quand la dame, une rencontre de hasard, a proposé de nettoyer chez moi. Vous ne trouvez pas cette proposition un peu indiscrète ? La propreté, n'est-ce pas une affaire de goût ? Peut-on se sentir responsable de la propreté de son prochain ?

Vous philosophez, mon ami. Et moi, il faut malheureusement que je m'en aille. Pourquoi ne viendriez-vous pas me prendre demain, après la fermeture ? Nous pourrions aller dans un bistro, parler de tout et de rien. D'accord ?

Ghislaine monta dans une petite voiture, une Peugeot 202. Je ne savais pas qu'elle conduisait. *Rien de tel que les voyages*, chère Ghislaine, vous ne trouvez pas ? lançai-je dans sa direction.

Donc, elle n'avait pas appelé. Ou prétendait ne pas l'avoir fait. Peu importe. Maintenant, en tout cas, elle était prévenue. Et il me parut alors extrêmement urgent de revenir sur le problème des bruits domestiques. Bien sûr que je n'avais pas seulement entendu des chasses d'eau. L'oreille est comme une loupe. Si on réglait son ouïe sur un niveau d'acuité supérieur, on entendrait jusqu'au ver dans le bois de la commode. Simplement, ce ne serait pas souhaitable ; la surabondance des messages sonores serait loin d'être un enrichissement, plutôt une nuisance, pontifiai-je. C'est pourquoi l'oreille doit aussi sélectionner les bruits selon des critères de convenance, des seuils de tolérance, pensai-je, et cetera, et cetera, car la pensée n'avait jamais été mon fort, c'était plutôt la vue, et surtout la marche, la marche forcée. Oh oui, la marche à une époque avait été pour moi comme une drogue. Et à part ça ? Quels penchants gymniques mes ancêtres acrobates m'avaient-ils encore légués, ou refilés génétiquement ? Mais le grimper à la corde ou à la barre, bien sûr. A l'école, n'étais-je pas le grimpeur le plus rapide, un véritable éclair ? Bien que sujet au vertige, j'adorais monter à l'assaut de la corde ou de la barre : je l'attrapais à bout de bras, je remontais les pieds jusqu'à me mettre en boule, puis, les pieds bien serrés, je me propulsais encore plus haut, comme s'il s'agissait d'aller toucher les nuages. Je m'élançais, me ramassais, me redressais, de plus en plus vite, jusqu'à être tout en haut.

J'étais aussi un excellent marcheur, oh oui, que oui, ho ho, chantonnais-je en marchant pour revenir chez moi. En mon for intérieur je dis toujours "marcher", jamais "aller", ni "me promener", ni "me balader" : marcher, j'étais un marcheur, j'avais même été démarcheur, démarcheur de dépêches, je veux dire, à l'armée, quand j'étais estafette. Oh oui, que oui, ho ho, chantonnais-je, comme si j'étais joyeux et béatement satisfait de la marche des choses. *Tout suit sa marche*, voilà encore une de ces pensées magiques qu'il faudrait inscrire dans un cadre doré et suspendre dans une église, pour qu'on puisse s'agenouiller devant, oh oui, que oui, ho ho. Etais-je satisfait de la marche des choses ? La question n'était pas là, ce n'est nullement la question, chère Ghislaine, dis-je en pensée, et je levai doctement l'index, en pensée toujours, pour qu'elle m'écoute bien.

Je traversais l'un de ces petits espaces verts qu'on appelle ici un square.

Merveilleuse institution, vraiment émouvante, pensai-je, à la vue des bancs sous les arbres, du kiosque à musique, des buissons rampants à l'odeur pénétrante, des jeux pour les tout-petits, des adolescents qui, à moitié cachés par un buisson, manigançaient je ne sais quoi, des vieux sur les bancs qui restaient là assis le regard fixe, sans un mouvement. Ils avaient déposé leur enveloppe charnelle sur ce banc et, au bout d'un certain temps, le laisseraient aussi vide qu'avant leur arrivée. Pour s'en aller, ou plutôt se traîner jusque chez eux. Je regardai les fenêtres de la façade la plus proche et me représentai l'intérieur d'un appartement de personnes âgées.

Je pensais moins à l'ameublement et à l'aménagement qu'aux obscurités errantes, dans ces pièces que le silence et l'absence d'événements peuplaient d'esprits. Je pensais au trou d'écoute, plus grand que nature, qui prend parfois l'aspect d'un fantôme ou plutôt d'un *Numen*, oh oui, que oui, ho ho, voilà ce que je pensais, tout en me demandant d'où je tirais ce savoir, si du moins c'en était un. Et bientôt ce serait le soir et l'heure de passer à table,

A TABLE, A TABLE, criaient dans mon enfance les mères par les fenêtres ouvertes pour rappeler leurs enfants qui jouaient dans la rue. Bouche à cri, trou d'ouïe, oh que oui, pensai-je. Irais-je manger au *Bar du Football* ou à la *Bonne Table*, maintenant qu'il n'y avait plus de Carmen pour me scruter, voire me surveiller et me maintenir en tutelle ? J'optai pour la *Bonne Table*.

La salle était vide. Ou du moins peu remplie, avec beaucoup de tables inoccupées. Je m'assis dans la partie arrière et ouvris mon journal jusqu'à ce qu'on m'apporte le vin et la corbeille de pain et qu'on prenne ma commande. C'est aujourd'hui que Carmen aurait dû venir, songeai-je fugitivement, mais je chassai aussitôt cette pensée, car je n'étais pas d'humeur aux bavardages intimes et encore moins aux confessions, seulement à manger. Au fond c'est en mangeant, et plus exactement en mangeant seul, que nous concevons les pensées les plus libres, les plus débridées, les plus vagabondes. Il faut se trouver dans un lieu de restauration public, seul au point de s'ennuyer tout en ressentant un grand besoin de distraction, et mastiquer et ruminer ; et déjà les pensées les plus inattendues se pressent à votre table comme des visiteurs imprévus, il y en a même trop.

Cette fois je ne voulais pas recevoir les premiers visiteurs venus mais opérer une sélection, et ensuite, peut-être, me garder une petite arrière-pensée pour le dessert.

Je me replaçai en esprit dans ce fantomatique appartement de vieillard, un appartement de veuf, en fait, j'en respirai l'odeur à la fois surette et douceâtre, faite d'air vicié et de reflux gastrique, et restai planté là dans l'attente du *Numen*. Qu'est-ce que le *Numen* ? Quelque chose comme l'esprit sorti de la bouteille ? Et ils vivent ainsi, pensai-je, non sans commisération ; mais je me déridai en songeant qu'ils avaient tous un *Numen* dans leur appartement, qu'ils le sachent ou non. Oh oui, le *NUMEN* aussi je pourrais l'introniser, à côté de la phrase *Tout suit sa marche* gravée en lettres d'or, l'introniser dans la même église, pas forcément Notre-Dame, mais pourquoi pas Saint-Julien-le-Pauvre ? Il y a déjà des fonds dorés partout. Au surplus, pensai-je, en essayant pour la quatrième fois de porter à ma bouche un petit morceau de cornichon sur une fourchettée de pâté, une phrase comme TOUT SUIT SA MARCHE ferait un bon thème de cantate. Mais je ne voulus pas développer mes pensées dans cette direction, cela nous aurait détournés de notre route. Encore une de ces phrases… non, plutôt pas, pensai-je, et je me représentai Ghislaine en personne, à qui j'aurais volontiers fait comprendre qu'elle ne devait pas *se laisser détourner de sa route*… Malheureusement, c'est à ce carrefour de ma pensée qu'arriva l'escalope, une grosse et grasse escalope panée avec une montagne d'épinards en branches et de pommes frites – comment allais-je ingurgiter tout ça ? J'aurais mieux fait d'aller au *Bar du Football* plutôt qu'à la *Bonne Table*, sauf que le choucas de mort, Mme Doberman et la pie qui chante, je veux dire la patronne, auraient empêché mon esprit de vaguer. Bien sûr, c'est toujours "vaguer" que je veux dire et non penser, vaguer est beau, penser est trop.

Et je compris soudain que ce n'était ni à la *Bonne Table* ni au *Bar du Football* que j'aurais dû aller, mais dans ce petit bar de la rue Custine où le jeune homme en pull, qui n'avait pas l'air d'un patron de bar mais d'un de ses clients, officiait derrière le comptoir. Et pourquoi là ? Parce qu'il était grand temps, s'il n'était pas déjà trop tard, que je rappelle à la vie et à l'ouïe la chanson *country* qui y sommeillait dans le coffre à musique. Etait-ce par envie de voyager ? L'Amérique ? Une Chevy Impala ? Ou pour reprendre possession du sentiment perdu ? (Ou d'*elle* ?) Si j'avais mis "pied à terre" dans l'appartement de ma prétendue tante, n'était-ce pas peut-être dans ce seul but : attendre le sentiment ? – ou bien l'attendre, elle ? Attendre que la TRUITE soit faite chair, quoi que l'on entende par là ?

Ici, je m'interdis toute autre avancée spéculative, car nous pénétrions dans l'antichambre du sacré, doucement, si vous voulez bien, SILENCE, oh oui, que oui, ho ho. N'avait-elle pas été tuée ? Je vous demande pardon ? Ma prétendue tante, dans son lieu de cure et de villégiature, n'était-elle pas, elle aussi, morte subitement et de façon assez mystérieuse ? A l'heure qu'il est, on ne connaît toujours pas la cause exacte de sa mort, et par ailleurs elle est présente dans l'appartement, trop présente, parfois, avec son franc-parler.

Disons même qu'elle ne mâche pas ses mots. Mais le mot "mâcher" me fit repenser aux grandes gueules, aux fortes en gueule, d'instinct je plongeai la main dans ma poche pour m'assurer que la clé était là. Elle y était, la Poucette était à son poste.

Comment savoir ce que l'avenir me réservait – et si ELLE m'apparaissait, non pas en rêve mais en chair et en os, allais-je vraiment reprendre possession d'elle ? Je constatai que j'avais pris l'habitude de toucher la Poucette dans ma poche de plus en plus souvent, quand je ne déambulais pas le poing serré autour.

Pour le bar de la rue Custine il était bien trop tard, quant à aller me jeter dans les bras de Carmen au *Bar du Football*, je n'y tenais pas, alors pas de *Bar du Football*. D'ailleurs je n'avais toujours pas répondu à ma propre question : serais-je content de la revoir, si elle apparaissait dans l'appartement plein de fourrures ? Oui, non ? Survivrais-je au choc de ces retrouvailles, qui pourrait s'avérer être aussi le choc d'une perte définitive ? Si elle apparaissait à la porte de cet appartement rempli de peaux de bêtes (bien que j'aie chargé la concierge de ne laisser personne s'introduire auprès de moi), serait-elle donc ma mort subite ? Quand nous étions si proches que je ne savais plus où commençait son être et où finissait le mien, ne l'avais-je pas quelquefois appelée "ma douce mort" ? Pourquoi n'avions-nous pu sauter ensemble du trapèze ? Parce que nous ne savions pas s'il s'agissait de nous jeter dans le vide ou de voler ? Et, s'il s'agissait de voler, dans quelle direction ? A ce point, reconnus-je, une porte de la pensée se refermait et je restais dehors. Tant pis. Je renonçai à mes projets et pris le chemin du retour. Demain il fera jour, murmurai-je, oh oui, conscient toutefois que jamais, au grand jamais, je n'encadrerais cette phrase pour la sanctifier. Je la donnerais à Ghislaine, oh oui, que oui, ho ho. Chez moi, je me déshabillai et, avant même de passer mon pijama, je m'enfonçai des boules Quiès dans les oreilles. Je ne voulais entendre ni le ver à bois de la commode, ni les sempiternelles leçons de ma "tante", je voulais *avoir enfin la paix.*

En me réveillant le lendemain, j'avais un bout de fourrure sur les oreilles : ma tête reposait sur l'une des vestes de ma tante, étendue par-dessus l'oreiller. Comment cet appuie-tête était-il arrivé là pendant mon sommeil ? Devenais-je somnambule ? A part moi, il n'y avait personne entre ces quatre murs, j'étais donc allé prendre cette fourrure moi-même, mais que penser de cette prise ? Etait-ce une *mé*prise, ou le signe avant-coureur de quelque chose ? Mon frère dormant était-il allé la chercher pour que je sois près de la *truite*, au moins en rêve ? A cette pensée, une décharge de bonheur me traversa. Bien sûr, tel était le sens de ma présence ici : j'attendais la truite, comme d'autres attendent le Messie. Et si elle apparaissait pour se dérober aussitôt, oserais-je *sauter*, sauter à sa poursuite ?

Il me parut indiqué de commencer la journée par une visite au bar dont le patron était toujours en pull, un pèlerinage sur le lieu du Sentiment Perdu. J'en profiterais, oh que oui, pour déposer mon linge sale à la laverie des deux compères.

Les chemises repassées, s'il vous plaît, dis-je dès l'entrée d'un ton apodictique, car pour rien au monde je ne me serais laissé entraîner dans une discussion sur les voyages. *Rien de tel que les voyages*, je le savais déjà. J'étais presque sorti quand je repensai à la petite auto bleue de Biloxi. Pas grave. Que m'importait la vie des deux compères dans leur laverie ? De la discrétion, si vous voulez bien, ho ho. Rue Ramey, je me demandai quand même à quoi ressemblait leur ménage de garçons et, d'une manière générale, où ils habitaient. Vivaient-ils dans une de ces HLM de banlieue, comme il me semblait l'avoir entendu dire par le grassouillet au sourire doucereux ? En tout cas, ils prenaient la voiture pour aller à leur travail et en revenir, pas le RER ni le métro. Ils regardaient sûrement la télévision le soir, mais pas trop tard, à mon avis, pas de façon excessive. Les nuits d'excès, ou ce qu'ils considéraient ainsi, ils devaient garder ça pour les vacances. Le plus maigre, le chafouin, était certainement un adepte de mœurs plus ou moins spartiates, ce qui devait faire murmurer l'autre, disons plutôt : *miaou*murer. Car j'aurais parié qu'il était gourmand comme un chat et sentimental. Halva ? produits chocolatés ? Ça m'est égal, fis-je entre mes dents, ça ne m'intéresse pas, je m'en fiche éperdument, Ghislaine, laissez-moi vous le dire.

Le patron en pull était à son comptoir. Pourquoi étais-je obnubilé par ce pull ? Est-ce qu'il n'avait pas le droit de s'habiller à sa guise ? Qu'est-ce que j'aurais voulu : qu'il porte un frac, une queue-de-pie ? Autant demander aux deux compères de porter des blouses blanches, si possible avec des calots assortis, pour l'hygiène ; tenue qui, c'est vrai, aurait mieux convenu à une clinique qu'à une laverie. Je les aurais d'ailleurs bien vus ambulancier et brancardier, quoiqu'un peu trop querelleurs, malheureusement.

Quant au patron en pull qui, à travers ses lunettes sans monture, observait distraitement la rue depuis son comptoir, il me parut décidément suspect. Il essayait de faire croire qu'il valait mieux que sa condition de fourgueur de tasses et de remplisseur de verres, mais à qui, et pourquoi ? Qu'il me laisse tranquille avec ses petits jeux. Je cherchai la chanson *country* sur le juke-box et glissai une pièce dans la fente. Mais cette fois le sentiment perdu ne me revint pas, ni aucun autre, malgré tous mes efforts pour m'y rendre réceptif. Au lieu de ça, mes pensées se concentrèrent sur le problème du niveau sonore. Pouvait-on mesurer la musique en unités de bruit ? Bien sûr. Mais où s'arrêtait le bruit, et où commençait la musique ? Et pourquoi le binoclard en pull me regardait-il comme ça ? Pour lire dans mes pensées, ou pour me provoquer ?

Je lui dis : J'ai l'impression de vous avoir déjà vu quelque part mais je n'arrive pas à me rappeler où, vous n'auriez pas travaillé dans une banque ? Ou dans un bureau pour les paris sur les courses de chiens, à Londres ? Les lévriers, vous savez bien, ajoutai-je sur un ton d'allusion coquine. Erreur, répondit-il, et puis je n'avais pas à me mêler de sa vie privée. Je payai. Depuis la porte, je lui lançai : Portez-vous bien, avec ou sans pull, avec ou sans lunettes. Et si je peux vous donner un conseil : collez-vous donc une moustache.

Où diriger mes pas ? pensai-je entre guillemets. La journée est encore jeune point d'exclamation, comme on dit dans mon pays. Jeune, la journée, à neuf heures quarante-cinq ? Voyons : elle dure exactement vingt-quatre heures, en comptant la nuit. Elle commence à minuit, progresse plus ou moins invisiblement, car dans le noir, jusqu'au lever du soleil, passent discrètement l'heure où les employés entrent en masse au bureau et celle de l'ouverture des magasins. Oh que oui. Quant à dire si, à dix heures moins le quart, elle est jeune ou adolescente virgule c'est une question de goût. Sa jeunesse, c'est vrai, se mesure également d'après le niveau sonore. Pour l'instant celui-ci, rue Custine, était plutôt bas, inférieur à la moyenne. Point d'exclamation. Ou points de suspension ?

Alors, où porter mes pas ? Tirer un trait sur le sentiment perdu et non retrouvé fut l'affaire d'un instant. Fini. Je m'engouffrai dans une impasse, tout en veillant bien à prendre l'air incognito, ce que je pouvais parfaitement faire, moi, sans fausse moustache.

Et là, tout de suite, la solution de l'énigme m'apparut en lettres de céramique bleu marine : BAINS DOUCHES ;

annonce reprise, plus bas, en graciles et sinueux caractères arabes.

A l'intérieur, je tombai sur un grand gaillard qui transpirait en maillot de corps, je m'informai de la procédure et du règlement, on m'introduisit dans une salle alvéolée digne d'un abattoir. J'ôtai mes vêtements, allai me placer sous une douche, criai que j'étais prêt et attendis que l'eau coule, ce qu'elle fit d'abord en un tiède goutte-à-goutte avant de se changer en averse point d'interrogation non en trombes d'eau bouillante, si bien que je bondis en arrière. Rien de tel que les douches dans les établissements publics, même si la savonnette qu'on vous donne est ridiculement petite et sent terriblement mauvais. Elle sent le désinfectant, voire le produit anti-poux, en fait. *Autre pays, autres mœurs*, pensai-je, la bouche soufflante et la peau frissonnante, et je décidai de considérer l'onde comme une manne. La résolution de l'énigme passait par l'ondoiement et l'humidification de mon être physique, qui avaient rafraîchi par contrecoup le reste de mon moi. Affaire d'état d'esprit. *Tout est affaire d'état d'esprit.* D'après le niveau sonore, la journée était toujours adolescente.

Est-ce qu'elle n'était pas en train de faire du sur-place, d'ailleurs ? Il me semblait avoir déjà derrière moi toute une série d'activités. Et je n'avais pas encore faim. Une petite faim, peut-être ? Ou soif ? Je tâtai la Poucette dans ma poche. Pas d'encouragement de sa part. Son contact était neutre, voire distant, d'une froideur métallique.

Et ils sont là dans leurs lits à transpirer, pensai-je, les malades, les pauvres malades du foie. Le mot "foie" me suggéra l'image d'un verre de bière bien froid et couvert de buée. Une bière, oui, non ? Je n'étais pas un grand buveur de bière, j'avais déjà pris un café, et pour le vin il était décidément trop tôt. Alors quoi ? Eau gazeuse ? Campari ? Non. Rien du tout. Que les autres fassent ce qu'ils veulent de leur foie, que m'importent leurs mauvaises habitudes, des habitudes qui, en plus, les font transpirer ?

Maintenant que j'ai aspergé et étrillé mon enveloppe charnelle, m'adressai-je à moi-même en pensée, je pourrais rentrer faire un peu de rangement et, pourquoi pas, changer les meubles de place. Je pourrais aussi inviter Carmen et, si elle reparle de nettoyer, m'attaquer avec son aide à telle ou telle tâche, sans que ça devienne forcément une orgie de ménage. Je lui écrivis en hâte sur un bout de papier de passer chez moi ce soir si elle n'avait rien prévu d'autre, j'allai chez elle et je glissai le message dans sa boîte aux lettres. Ensuite je regagnai l'appartement. Par où commencer ?

Je me décidai pour la chambre, fis rapidement le lit, jaugeai le résultat, retirai de nouveau le couvre-lit, lissai les draps et la couverture, les bordai soigneusement jusqu'à ce que l'ensemble évoque un paquet impeccablement emballé, jetai le couvre-lit dessus et tirai sur les plis. Jusqu'ici, très bien. J'ouvris grande la fenêtre pour aérer, restai un moment là à regarder la cour.

La première chose qui me frappa fut l'absence de pigeons ; en revanche, j'aperçus près des caisses à fleurs un poste de télévision sans doute hors d'usage. Je résolus, à l'occasion, de questionner la concierge sur ce dérèglement et de lui en demander raison : la cour n'était pas un dépotoir, nom d'une pipe. Aujourd'hui un téléviseur, demain quoi, point d'interrogation.

Quant aux pigeons, qui relevaient en quelque sorte du patrimoine de la cour, je ne pus m'expliquer leur disparition. Où étaient-ils passés ? Ils ne s'étaient quand même pas tous fait écraser ! Et je n'avais pas entendu de coups de feu. Un jour, un tireur d'élite avait débarqué dans la cour et en avait descendu quelques-uns, sur ordre de la municipalité ; ce qui n'avait nullement empêché les survivants de revenir roucouler. Les pigeons étaient-ils vraiment une nuisance ? Peu auparavant, j'en avais vu un vieux se jeter sous les roues d'une voiture, un pigeon suicidaire. Il était allé se traîner, tout vieux et ébouriffé comme il était, au milieu d'une rue très passante. Une voiture conduite par une femme avança sur lui, je vis la femme freiner, jeter un coup d'œil au rétroviseur dans l'espoir d'y voir réapparaître l'animal sain et sauf. Mais il restait là tout aplati. Il n'avait sans doute pas voulu attendre la mort au fond d'un trou de mur, il voulait en finir, le petit pigeon. Parmi les lettres nouées d'un ruban de couleur, dans le carton ultra-secret de ma tante, et que j'avais prises à juste titre pour des lettres d'amour, certaines ne commençaient-elles pas par "Mon pigeon" ? Je n'en avais lu que les premiers mots et les avais vite remises en place. La vie amoureuse de ma “tante” ne me regardait pas. Si “mon pigeon” servait de nom d’amour, est-ce parce que ces oiseaux étaient toujours en train de se faire la cour et de copuler ? N’étaient-ils pas aussi l’emblème de la constance, de la fidélité ? Et le rameau d’olivier dans le bec de la colombe, leur cousine ? Quoi qu’il en soit, les pigeons ou plutôt leur absence dans l’arrière-cour m’avaient “détourné de ma route” : j’en étais à ranger. Bon. Dans la chambre à coucher, pas question de changer les meubles de place, pour quoi faire, d’ailleurs ? Mais dans la salle de séjour pleine à craquer, il valait la peine de réduire un peu l’ameublement. Réduire, en l’occurrence, c’était *essarter* et pas seulement éclaircir, pour dire les choses en termes agricoles ou sylvicoles. Je commençai par enlever tout ce qui traînait, collants, rouges à lèvres et autres mauvaises herbes, jusqu’à ce que les surfaces soient vides. Mais à la vue de cette concaténation de meubles le cœur me manqua. Duquel pourrais-je me défaire en premier ? Sans doute pas de la commode Louis XV à incrustations et à tablette de marbre veinée, même si elle ne me plaisait pas tellement. Elle devait avoir une valeur sentimentale pour ma "tante". Et le fauteuil monumental ? Est-ce qu'on n'appelait pas ce genre de siège rembourré un "fauteuil à oreilles" ? Il était assez confortable, mais décidément trop grand pour cette pièce étriquée. On aurait dit un trône, à cause de sa taille et de son air d'autorité. A supposer que je parvienne à m'en débarrasser, fallait-il le remplacer par un siège de format plus modeste ? Pas forcément, car il y avait aussi ce canapé contre le mur.

Apparemment je n'étais pas l'homme des grandes décisions. Au fond, qu'est-ce que je voulais ? M'installer ? Y avais-je le moindre droit ? Ma prétendue tante m'y aurait-elle autorisé ? Carmen allait-elle venir ? Où en était la journée ? Toujours adolescente ? D'après mon appétit, elle devait être arrivée à l'âge adulte. Allais-je sortir faire les courses ? On n'est pas toujours obligé de manger au bistro. Faire les courses ? Mais où préparer les plats ? La cuisine appartenait décidément à la catégorie des intouchables : là-dessus, Carmen avait raison. Je résolus d'ajourner le problème de la cuisine jusqu'à l'arrivée de Carmen et, dans l'immédiat, d'envisager un repas à l'extérieur. Le *Bar du Football* ne me disait rien. Je pouvais aller au petit restaurant en face de la poste ; ou alors directement rue Labat, chez Saïd, dont je n'avais encore jamais parlé à Ghislaine ni aux autres instances concernées mais que j'aimais bien, avec ses rondeurs kabyles et l'étrange bourdonnement de sa voix nord-africaine, et dont je m'étais déjà presque fait un ami. Un bourdonnement, ou un roucoulement ? Ni l'un ni l'autre. Un nasillement ? Ce bourdonnement ou ce roucoulement, comme je l'appelais, était en réalité un ronron de dynamo intérieur. Comment Saïd arrivait à produire cette note bien à lui, c'était son affaire. L'important, c'est que chez lui je venais moins pour me poser que pour *jeter l'ancre*. Et pourquoi ? Parce que son restaurant tout en longueur, avec ses murs couleur sable, m'apparaissait non seulement comme un havre, mais comme une arche. Pourquoi cela ? Etais-je un naufragé et, dans ce cas, quel avait été mon Déluge ?

Je m'interdis dans l'immédiat de laisser vaguer mes pensées de ce côté-là, d'abord parce qu'en mangeant elles ne m'auraient pas réussi, et puis parce que, comme on sait, vaguer est beau, mais extravaguer est trop, mes projets ménagers auraient pu en pâtir. Où en étions-nous ? A Carmen ? Allait-elle venir ? Quelle heure était-il ? Est-ce que la journée était encore dans la force de l'âge, ou déjà sur le retour ? *Crescendo* ou *diminuendo* ?

Et si elle pleurait, là où elle se trouvait en ce moment ? Qui, elle ? Pas la journée, bien sûr. Ni Carmen. Solitude et larmes n'avaient-elles pas été sa dot ? Ses larmes n'étaient-elles pas le Déluge dont j'essayais de me sauver en montant dans l'arche de Saïd ? Pourquoi ne l'avais-je jamais appelée mon pigeon ? Par peur d'une trop grande intimité ? Les pigeons étaient trop emblématiques pour moi, et en même temps trop terrestres dans leurs pratiques amoureuses et alimentaires. Pourquoi avaient-ils fui la cour ? Ce n'était sans doute pas à cause du téléviseur abandonné. Est-ce que l'air d'ici ne leur réussissait plus, est-ce qu'ils y étouffaient ? Quel air ? Et celui qu'il me fallait, à moi, pour respirer ? Avais-je besoin d'air pur ou d'un air tempéré ? Qu'est-ce qui pouvait me tenir chaud ?

Les deux compères, dans leur laverie, respiraient-ils un air meilleur ? Il était surchauffé par la présence des machines, et il ne sentait pas très bon. Sur le plan des fluides inter-humains, il me semblait en plus empester la chicane – les prises de bec à n'en plus finir. Fallait-il préférer un tel air à la fraîcheur impersonnelle de l'appartement de ma tante ? Les querelles et la discorde valaient-elles mieux que la froideur ? A l'époque où je m'éloignais de ma bien-aimée, à l'époque de notre désunion, avais-je pu croire que l'air n'était pas encore de glace ? Et puis, que voulaient dire les amoureux en s'appelant "mon pigeon" ? A ma connaissance, je n'avais jamais donné ce nom à ma bien-aimée ni à aucune femme. Tout bien réfléchi, je n'aimais pas tellement les pigeons. Je trouvais beaucoup plus excitantes les hirondelles qui vivent dans le ciel.

Quand Carmen sonna à la porte, je l'accueillis par ces mots : Te voilà donc, mon pigeon ; à moins que tu ne préfères "mon hirondelle" ?

Suis-je sollicitée pour des conseils en matière de fourrures ou d'architecture intérieure, ou pour une assistance hygiénique ? répliqua-t-elle quand nous nous fûmes embrassés. Dans ce dernier cas, passons tout de suite dans la cuisine ; nous causerons quand le travail sera fini.

Il faut que je te demande pardon, dis-je. En effet, il n'y a pas lieu de respecter la crasse de la cuisine, même si elle n'est pas mon œuvre. Le mobilier, c'est autre chose : à supposer qu'on en ait le droit, on ne peut pas se contenter de le jeter au caniveau. Tu auras peut-être remarqué que les pigeons ont disparu de la cour. Je me demande s'il ne faut pas y voir un mauvais présage, la menace d'une catastrophe planant sur cet endroit.

En parlant de catastrophe, fit Carmen, si on récurait cette cuisine ? Et elle se mit à la recherche d'un seau, d'un torchon et de produit nettoyant.

Deux heures après, la cuisinière, l'évier, les étagères et le buffet blanc reluisaient de propreté.

La propreté n'est-elle pas ennemie de l'humanité, chère Carmen ? Trop de propreté intimide, car on n'ose plus bouger ni mettre les mains nulle part, de peur de salir quelque chose. Ainsi ne m'en veux pas, mais la cuisine me paraît maintenant aussi impersonnelle que si elle n'avait jamais servi ; sanctuarisée, pour tout dire. Comprends-moi bien, je ne veux nullement minimiser ton aide, mais je viens de penser qu'au fond je n'ai rien à faire dans cet appartement et qu'il est donc inutile de le rendre accueillant, puisque je risque de bientôt déménager.

Nous nous allongeâmes sur le lit que j'avais refait et fixâmes l'écran sombre du téléviseur.

En ce qui concerne les pigeons, ma chérie, il me semble qu'avec eux tout ce qui restait d'intimité dans cette maison s'est envolé. Et, sans leur roucoulement, elle est devenue terriblement silencieuse, tu ne trouves pas ? Tu n'as pas l'impression que tous les habitants sont devenus muets ? Il y a quelques jours, on distinguait encore des bruits de radio et de chasse d'eau. Maintenant, plus rien. Apparemment les pigeons ont emporté avec eux la rumeur de la vie, voire la vie elle-même. J'ai vu un jour un jeune pigeon qui s'était traîné jusque devant la porte de ma chambre. J'habitais alors au sous-sol d'un immeuble des années 1930, avec une cour qui ressemblait à un puits, sans un arbre. Il n'y avait rien dans cette cour, à part un ascenseur grillagé, jamais je n'y avais vu un pigeon, et pourtant il fallait bien que le mien soit tombé d'un nid. Et comment avait-il pensé à descendre toutes ces marches jusqu'à ma porte, et réussi à le faire ? Je n'osais pas y toucher. C'est le mari de la concierge qui l'avait fait disparaître. Qui avait bien pu me jouer ce tour, d'une symbolique si transparente ?

Carmen posa sa tête sur ma poitrine, comme pour s'y cacher. Je me mis à lui caresser distraitement les cheveux.

C'était ma tante, ou du moins elle prétendait l'être.

Qui ? sursauta Carmen. Pas le pigeon, tout de même ?

La dame dont tu as nettoyé la cuisine. Elle était en vacances quand elle est morte subitement et de façon inexplicable. Comment savoir ce que l'avenir nous réserve ? Peu après le jour où le pigeon est apparu devant la porte de mon sous-sol pour disparaître presque aussitôt, quelque chose d'autre est mort dans ma vie, ou du moins a pris fin. Que veulent dire ces signes, ces symboles ? Toute l'existence n'est-elle pas faite de signes, trop souvent voilés, et dont le sens ne se découvre que plus tard ? Où aller, quand j'aurai quitté l'appartement de ma tante ? Que penses-tu de l'Amérique ? Nous pourrions nous trouver une petite auto bleue et traverser les Etats.

Mais de quoi parles-tu ? fit Carmen, qui s'était écartée de moi et, la tête appuyée sur sa main, me regardait dans les yeux. Tu dis souvent des choses qui n'ont pas grand sens, j'ai remarqué. Tu ne voudrais pas, de temps en temps, me mettre les points sur les *i* ? Monsieur a donc décidé de partir en voyage, et son humble servante fait naturellement partie de ses projets ?

Je découvrais dans ses yeux de minuscules paillettes brunes, comme des pépites de chocolat. Des graines pour les pigeons, murmurai-je, ma petite bouffe à pigeons. Je l'embrassai sur les yeux.

Il me semble que depuis un certain temps je suis en CHUTE LIBRE. La chute libre est un peu comme la MARCHE VERTICALE des bipèdes, quand on la projette dans l'image du vide absolu. Je me demande si cette sensation de chute libre n'est pas liée à l'absence de bruits ou, plus exactement, à un niveau sonore zéro. Ce sont peut-être les sons qui nous retiennent ici-bas. Le néant n'est-il pas insonore ?

L'avais-je dit ou simplement pensé ? Ou alors pensé dans mon sommeil ? J'avais dû m'assoupir, car lorsque je revins à moi avec ces phrases en tête Carmen n'était plus à mes côtés. Elle avait dû s'éclipser discrètement. Tant pis.

Je jetai un rapide coup d'œil dans l'étincelante cuisine vide, plissai les paupières et pris mon manteau. Je quittai la maison et gagnai la place Jules-Joffrin ; là, je montai dans le 85 en direction de Saint-Michel. Sur le boulevard Saint-Michel la circulation était bloquée, toute la chaussée était occupée par des manifestants qui portaient des banderoles et reprenaient à gorge déployée des slogans lancés au haut-parleur ; il y avait surtout des jeunes, mais on voyait aussi des familles avec enfants. Je me laissai avaler et emporter par la masse. Oh oui, que oui, ho ho, répétais-je, d'abord en murmurant, puis en scandant, puis en criant, au milieu de la foule houleuse qui piétinait plus souvent qu'elle n'avançait et, malgré son cérémonial révolutionnaire, répandait autour d'elle une joyeuse atmosphère d'escapade. Pourquoi défilaient-ils ? Je l'ignorais, mais quelle importance – pressons, pressons !

Quand nous arrivâmes à hauteur du Luxembourg, je quittai le cortège, revins un peu sur mes pas et traversai la place de la Sorbonne puis la rue Saint-Jacques en direction de Notre-Dame. En chemin, je m'arrêtai devant la petite église de Saint-Julien-le-Pauvre et y entrai.

Des cierges brûlaient devant les icônes ; quelques hommes épais se tenaient près de l'entrée, à côté du bénitier, et deux femmes mûres, à genoux, priaient sur un des bancs proches de l'autel. L'air sentait la cire chauffée, avec un léger parfum d'encens. Pour qui aurais-je pu prier, moi ? Je ne l'avais plus fait depuis l'enfance, et je me pris à souhaiter de pouvoir à nouveau prier du fond du cœur. Les acrobates priaient-ils ? Les trapézistes croyaient-ils en Dieu ? Beaucoup de boxeurs frappaient la croix dans le coin du ring avant le début d'un combat, mais les acrobates ? Pour des voltigeurs, des mots comme combat, victoire ou défaite n'ont aucun sens. Des trapézistes qui prieraient pour la réussite de leur numéro ? Difficile à imaginer. Qu'aurais-je demandé, moi, dans mes prières ?

De retour dans mon quartier, j'allai tout droit chez Saïd et m'assis au comptoir. Je tenais à laisser agir sur moi le ronron intérieur de sa voix de Kabyle. Après les formules habituelles de bienvenue, il passa tout de suite à son thème favori. D'ici peu, il allait faire venir sa famille d'Algérie. Je m'étais déjà demandé s'il avait vraiment une famille. Ou alors il en avait bien une, mais pas de place pour les loger, et s'échinait à gagner de quoi se payer un appartement assez grand, mais comment faire ? Comparé au café dont le patron était toujours en pull, le restaurant de Saïd n'était qu'une gargote – et même ce mot me paraissait encore bien pompeux pour un boui-boui pareil. Quant à ma propre situation de famille, je ne lui en avais jamais parlé et il ne m'avait jamais interrogé à ce sujet. Je me fis servir un petit verre de son alcool de figue et observai distraitement la rue. Ce n'était pas très animé devant chez Saïd, il n'y avait donc pas grand-chose à voir, excepté quelques pigeons qui, avançant la tête par saccades, arpentaient le caniveau à la recherche de quelque chose à picorer. Vous aimez les pigeons ? demandai-je à Saïd. Il parut se méprendre sur ma question et se lança dans un discours sur les pigeons rôtis et la manière de les accommoder, par opposition aux cailles, par exemple. Ensuite, nous parlâmes de pigeons voyageurs.

Je pensais à la disparition des pigeons de l'arrière-cour, à leurs tourtourous, aux crottes de pigeons et aux vols de pigeons, au bruit qu'ils font quand, effrayés, ils s'envolent tous ensemble, comme un battement de mains. Je sirotais mon alcool de figue et adressais d'autres remarques à Saïd, rien que pour relancer son ronron de dynamo. Je disais : Les pigeons voyageurs, oui oui, les pigeons qui vous tombent tout rôtis dans la bouche, ho ho. Mais les hirondelles rôties, je n'en ai jamais entendu parler, il n'y a pas non plus d'hirondelles voyageuses. Est-ce que vous savez, Saïd, que les hirondelles vivent dans le ciel, je veux dire : qu'elles ne se posent jamais, pour la bonne raison qu'elles sont incapables de décoller ? Les martinets aussi.

Je vis se rembrunir le sympathique visage de Saïd, avec ses gros sourcils noirs, sa grosse moustache noire et son regard qui me fixait, perplexe. “Mon hirondelle”, faillis-je lui dire, mais je ne voulus pas aller trop loin, pas avec un bon ami comme Saïd. La porte s'ouvrit, un homme entre deux âges entra, grand, trop bien habillé pour la cambuse de Saïd, je l'identifiai sans mal comme étant le père de cette mineure qui, m'avait raconté Saïd, s'était mise à traîner dans les cafés et qu'on avait déjà vue ici, à l'insu de son père, bien entendu. Maintenant c'était à ce dernier d'entretenir le ronron de la dynamo de Saïd.

J'en reviens aux hirondelles. Non seulement elles ne vous tombent pas toutes rôties dans la bouche, mais elles sont totalement inutilisables, y compris postalement. Elles ne sont pas des nôtres, elles ne sont pas terrestres. Leur noir est si brillant, la faucille de leur queue est si bien découpée, comme pour fendre le ciel ! Et leur cri ! Ah, quand elles passaient en flèche devant notre fenêtre ouverte et révolutionnaient le bleu du ciel, c'était à bouillir, à exploser de bonheur, de nous aimer dans cette lumière céleste, dans ce froufrou d'hirondelles, dans ces collines bibliques de la Toscane, à l'époque, un seul corps et une seule âme, pensais-je, tout en buvant l'alcool de figue de Saïd. Jamais je n'ai vu boire une hirondelle, mais ce n'est pas ça que je voulais dire, je ne le dis que pour gagner du temps ou parce que je n'ose pas dire tout haut, penser tout haut ce que j'ai vraiment en tête : Pauvre âme, qui n'a pas trouvé la paix ; tant qu'*elle* ne l'aura pas trouvée, je ne la trouverai pas non plus, moi qui ne suis même pas capable de prier. Si elle l'avait trouvée, je l'aurais trouvée moi aussi. Mais elle continue de me brûler et de me faire mal au fond de moi, comme les membres amputés continuent de faire mal, il me semble en tout cas avoir lu ou entendu quelque chose de ce genre. On ne peut donc jamais avoir la paix ?

A propos d'amputation : pendant la guerre, comment les soldats commençaient-ils leurs lettres aux femmes qu'ils aimaient ? Sûrement pas par "mon pigeon". "Mon pigeon" et "mon hirondelle" sont des noms que se donnent les amants heureux, et en particulier ceux qui sont sûrs d'être aimés en retour. Il y a aussi quelque chose de tendrement coquin dans cette façon de dire. Les soldats au front n'avaient sûrement pas la tête aux idées coquines ni aux petits mots doux. En temps de guerre, l'amour, c'est l'espoir, n'est-ce pas ? L'amour est la vie et l'absence d'amour, ou l'extinction de l'amour, c'est la mort. Au lieu de "mon pigeon", c'est plutôt "mon cœur" qui conviendrait. Car c'est aussi le cœur qui se brise. Et à l'inverse, n'a-t-on pas vu des malheureux s'en aller à la guerre à cause d'un cœur brisé ?

Alors, dis-je à Saïd, est-ce qu'au moins vous avez de bonnes nouvelles des vôtres en Algérie ? Les longues séparations ne sont pas toujours faciles, je sais de quoi je parle. Il faut s'interdire de penser aux absents et faire comme si on était seul au monde ; ce qui n'exclut pas l'espoir. L'espoir, comme la foi, est irréductible. Soit on vit dans l'espoir, soit dans l'absence d'espoir. Une hirondelle ne fait pas le printemps, c'est bien connu. Prenez la patronne du *Bar du Football* – vous devez la connaître ? Avec ses rondeurs, elle me donne l'impression qu'elle va crever d'espoir, ni plus ni moins. C'est aussi pour ça qu'elle aime tellement chanter, malgré les bruits de crécelle de l'oiseau sur le flipper. D'où tire-t-elle cet espoir ? De rien : elle l'a. Je suis persuadé que vos proches partagent vos espoirs de retrouvailles. Dans ce cas, rien ne peut s'opposer au regroupement familial. Pourquoi l'eau du caniveau est-elle si pressée ? Parce qu'elle a hâte d'être regroupée aux autres eaux usées ?

Pressons, murmurai-je, pressons, pressons. Ce n'est pas seulement son caractère purifiant, rafraîchissant, exquis, qui me réjouit à ce point dans cette rinçure d'argent. C'est ce débordement, ce jaillissement de source. Chaque matin, ne suis-je pas à la source quand les balayeurs ouvrent les bouches de lavage ?

Je saluai Saïd et pris le chemin du retour. Devant la boutique du fourreur, juste à côté de chez ma tante, je m'arrêtai et entrai. Je humai la lourde odeur animale des fourrures, et dis au propriétaire que je m'intéressais à cette gravure au titre bizarre qui était en vitrine. J'en aurais volontiers fait l'acquisition.

Vous ne me connaissez pas, ajoutai-je, mais vous avez probablement connu la petite dame énergique, au nez proéminent, qui se teignait au henné à la fin de sa vie. Elle habitait à côté et portait souvent des fourrures. Je suis de la famille. Ayez la bonté de me dire, entre nous, si vous seriez prêt à vous défaire de cette estampe.

Le fourreur me considéra pensivement.

Je vois très bien qui vous voulez dire. Qui ne l'aurait pas remarquée ? Elle se promenait toujours avec son petit chien, un fox-terrier. Oui, nous avons bien connu la dame au petit chien. Quant à vous vendre l'estampe, ça mérite réflexion. Au fait, ce n'est pas une gravure mais une lithographie. De la Belle Epoque. Combien pensiez-vous mettre ?

Je dis, au hasard : Cent. C'est un chiffre rond, vous ne trouvez pas ? Il acquiesça. Je pris l'estampe et m'en allai.

Dans l'appartement je posai la lithographie de cette femme à demi nue, en manteau de fourrure entrebâillé, contre le mur au-dessus de la cheminée de la chambre. Elle restait là en plan, à côté des figurines en porcelaine blanche, cette reine des nuits montmartroises du passé. Elle n'avait rien à faire là.

Pourquoi avoir acheté cette lithographie ? Pour l'avoir ? Ou plutôt pour *ne plus* l'avoir – sous les yeux, dans la vitrine ? En tout cas, il n'était pas question que je l'aie près de moi. J'allais la donner à Carmen.

Alors un grand abattement s'empara de mon être, au moment où, dans la pénombre de l'appartement, mes yeux tombèrent sur l'arrière-cour vide de pigeons. En ce qui me concerne, dis-je à mi-voix après avoir coulé un regard dans la cuisine étincelante (dont mentalement je barrai aussitôt la porte d'un panneau "Défense d'entrer") ; en ce qui me concerne, l'heure est venue de démonter mes tentes. Il faut que je disparaisse.

Où aller ? Chez Carmen ? Je m'assis dans le fauteuil monumental et pensai à ma défunte tante, aux circonstances inexplicables de son décès dans un lieu de cure et de villégiature. Comme il est difficile de disperser un héritage ! Pour le fauteuil à oreilles et la commode à incrustations, j'étais tranquille, ils trouveraient acquéreur. Mais les fourrures ?

On ne pouvait malheureusement pas les rendre aux animaux. D'ailleurs je ne savais toujours pas de quels animaux elles provenaient. Trop tard. Je reportai le tas de fourrures dans la chambre et sortis mes affaires de l'armoire. Derrière le carton ultra-secret de ma tante, je tombai sur le sac en crocodile et les bijoux. J'avais dû les cacher là à mon arrivée. Qu'ils y restent.

Je tirai mes sacs de sous le lit et commençai à les remplir. Je ne vais pas tout emballer, pas encore, pas définitivement, murmurai-je. Je vais d'abord procéder sommairement. Préemballer, comme on précuit des aliments. Le mot "sommairement" me plut. Je me mis à l'essayer dans d'autres combinaisons. Je dis : Je vais faire des préparatifs de voyage sommaires. Je voudrais m'informer sommairement du prix. Pourriez-vous me dire sommairement quelle heure il est ? Si au moins ma tante avait possédé une horloge, une grande horloge à balancier ou du moins une pendule, une qui sonne les heures. Je ne supportais plus l'arrêt du temps causé par l'absence de tic-tac, surtout quand le niveau était aussi bas sur l'échelle sonore.

Comment emballer ou simplement préemballer mes affaires sans savoir où j'allais ? Non seulement je ne le savais pas, mais je n'avais pas la moindre idée de ce que j'allais faire. Aucun désir, même vague.

Je résolus de monter au Sacré-Cœur, comme ça, pour me donner du mouvement. Peut-être qu'en chemin une idée me viendrait. En haut, sur la terrasse panoramique, je m'accoudai au parapet et promenai mes yeux sur la surface crevassée de la ville, ses coupoles, ses bosses et ses tours, jusqu'aux gratte-ciel à l'horizon. Elle me rappelait les douches publiques, sans doute à cause du voile de brume. A ce moment, les nuages se déchirèrent au-dessus de moi et laissèrent entrevoir un peu de ciel bleu, le soleil se jeta dans la brèche, et, ça alors ! qu'est-ce que je voyais ? Illuminé comme par le feu d'un projecteur, il y avait un petit avion blanc. D'où sortait-il, ce petit poisson volant tout blanc ? Car c'était manifestement un poisson. A le voir ainsi nager dans cette lumière céleste, tracer sa route dans ces flots aériens, je fus pris d'un vertige de bonheur, comme si j'avais enfin trouvé la réponse à toutes mes questions. La solution. Je décidai de ne pas penser à ce poisson volant dans l'immédiat, ni au livre de ma vie, et de ne plus dire un mot. Je serrai fortement les lèvres, malgré la voix intérieure qui, en moi, avait entonné *Volare volare.*

Je m'éloignai du parapet. dévalai l'escalier jusqu'à la petite placette où j'avais vu l'autre fois des chiens jouer, et je poussai la porte du *Bar du Football.* Fidèle à mon vœu, je ne répondis pas aux amabilités de la patronne et désignai du doigt le verre de vin d'un autre client. Même quand Carmen entra là par hasard – à moins qu'elle n'ait guetté mon arrivée –, je ne pipai mot, et me bornai à lui caresser fugitivement les joues. Je ne voulais pas lui révéler le miracle du poisson.

Tu n'es pas très bavard aujourd'hui, fit-elle. Tu as mal aux dents ? Ou alors tu as quelque chose dans la bouche, je veux dire : quelque chose à manger, pas un abcès ?

Je lui montrai mon vin du doigt et levai un sourcil interrogateur.

Pourquoi pas, fit-elle avant de s'en commander un verre. La patronne la regarda en me désignant éloquemment du coin de l'œil et haussa les épaules. Moi je buvais, mais en buvant je chantais

*Volare* en mon for intérieur, *volare nel' blu dipinto di blu.* Ce miracle du poisson, je ne voulais le partager avec personne, je le gardais pour moi. Quel était ce miracle ? Etait-ce le sentiment de liberté, de bonheur céleste qu'avait déclenché en moi la vue du poisson volant ? Une telle liberté était-elle supportable ? Et ce bonheur venait-il de ce que je m'étais libéré de mon fardeau ? Devais-je laisser tomber l'idée de voyager en petite auto bleue et opter pour l'avion ? Et, si oui, vers quelle destination ? Contrairement aux hirondelles, les avions quittent le sol et atterrissent quelque part. Il fallait que je demande à Carmen si elle prenait facilement l'avion, ou si ça la rendait malade. Mais est-ce que j'avais vraiment envie de l'avoir avec moi ? Je ne savais même pas si ça l'intéressait, de quitter le sol en ma compagnie. Si ça l'intéressait, et si elle était disponible. Elle devait bien avoir un travail quelque part. Je pensai : elle n'a pas besoin de me dire *tout de suite* oui ou non, il suffit qu'elle accepte ou refuse *sommairement.* La question est la suivante : Est-ce que ça t'intéresserait, sommairement, de t'envoler en ma compagnie ? Et si oui, vers où ?

Je l'entendais qui bavardait avec la grosse patronne, elles s'étaient mises à parler de moi comme si je n'étais pas là.

Encore une de ses plaisanteries, disait Carmen. Il va revenir sur terre.

Sur terre, avait-elle dit ? Je faillis crier : Non, pas sur terre, plus jamais ! Je n'avais rien à faire là.

Je lui fis signe de m'attendre un instant.

Je courus chez ma tante, grimpai l'escalier aux murs peints d'un brun fécal – fécal, bien sûr, j'avais enfin trouvé le mot juste –, ouvris la porte de l'appartement, attrapai *La Fourrure de la Truite* sur la cheminée et revins en courant, la lithographie sous le bras. Au *Bar du Football*, je déposai l'estampe sur les genoux de Carmen avec une petite courbette.

*La Fourrure de la Truite*, murmura-t-elle, incrédule, avant de répéter plus fort : *LA FOURRURE DE LA TRUITE*. La patronne se pencha par-dessus le comptoir pour examiner de plus près l'objet du scandale. Bien sûr, ce n'est pas "scandale" qu'elle avait en tête, ni "esclandre", mais quelque chose dans ce goût-là, son expression le disait. Ce qui était scandaleux, c'était l'effet de déception, l'absence de toute résonance pornographique ; c'était cette façon ridiculement prude de concevoir le dévoilement de la chair et l'intention de séduire.

Je suis peut-être bouchée, fit la patronne, mais je ne vois aucune truite là-dedans, sauf si… sauf si la Truite était son surnom. Qu'est-ce que vous en pensez, Carmen ?

Et qu'est-ce qu'en pense le généreux donateur, malheureusement moins généreux en mots depuis tout à l'heure ? C'est quoi, l'idée ? Qu'est-ce que ça veut dire, tout ça ?

Les deux dames me regardaient. Si j'avais pensé à voix haute, j'aurais essayé de glisser le mot "sommairement". Comment exprimer l'adieu par gestes ? Et la notion de cadeau ? Car il s'agissait bien d'un cadeau d'adieu.

Je traçai de l'index les mots "cadeau d'adieu" sur le zinc du comptoir, plusieurs fois, jusqu'à ce que l'expression de Carmen me montre qu'elle avait compris. Elle ramena l'estampe contre elle et hocha la tête. Puis, mesurant la portée de ce qu'elle venait de lire, elle me dévisagea avec stupeur :

Tu fous le camp ? Tu te tires ? sans tambour ni trompette ? ou plutôt sans un mot, comme tu es arrivé ?

Elle se détourna, poussa silencieusement l'estampe en direction de la patronne, par-dessus le comptoir, et quitta le *Bar du Football*.

Pour un peu j'aurais crié : Reste, Carmen, reste encore un tout petit moment. Reste avec moi. Je m'en empêchai. Au lieu de ça, je payai et partis.

Dans la rue, je me sentais le cœur inhabituellement léger, comme si je n'avais plus de fardeau à porter. Car je savais que rien ne me retenait plus. *Volare*, ho, ho, ho, ho, fredonnais-je en mon for intérieur. Bien sûr que le poisson volant était plus qu'un signe ; il *était* la truite, non pas la truite faite chair dont j'avais naguère espéré l'avènement mais plutôt son *NUMEN*.

Je tentai de ressusciter en moi le sentiment de liberté et de bonheur éprouvé à la vue de ce poisson volant tout blanc dans le petit bout de ciel bleu qu'avait laissé entrevoir, en se déchirant, le rideau des nuages. Bien sûr que le poisson volant n'était pas une simple invitation au voyage, mais une révélation. D'ailleurs, je n'avais perçu sa présence que lorsque le voile s'était déchiré. Les touristes, sur la terrasse panoramique, ne l'avaient peut-être même pas vu. Je ne suis pas un voyageur, pensa quelque chose en moi, car avec mes lèvres serrées qui me rendaient tout murmure impossible je ne pouvais plus penser que métaphoriquement. Ou plutôt *sommairement*. A considérer le poisson volant comme une révélation (et non comme un signe), se pouvait-il que ce fût *moi* qui volais là-haut, dans l'éther, libéré de mon fardeau ?

N'avais-je pas rêvé que je savais voler ? Dans mon rêve, j'avais pu décoller à force de sautillements. C'était en rêve. Dans la réalité, il n'était pas nécessaire que je parte du sol, mes ancêtres, après tout, n'étaient pas des acrobates au sol mais des voltigeurs, des trapézistes. Ils se jetaient dans le vide, avec la certitude qu'on les rattraperait. Est-ce que je voulais, moi, qu'on me rattrape ? *Volare volare.*

Bien sûr que je ne le voulais pas. Dans "rattraper", on entend "trappe", n'est-ce pas ?

Je passais justement devant l'entrée d'un collège où des adolescents restaient à bavarder. Ils n'avaient pas encore envie de rentrer chez eux, ils ne voulaient pas réintégrer leur trappe familiale à peine libérés de leur prison scolaire. Je les imaginai en train de sautiller, de plus en plus vite, puis décoller comme une volée d'oiseaux et s'enfuir à tire-d'aile.

Est-ce que je voulais qu'on me rattrape ? Je secouai énergiquement la tête. Et si c'était *elle* qui me tendait les mains ? Trop tard.

La liberté n'était-elle jamais qu'un intervalle entre deux portes ? Et, de ce point de vue, que penser du petit poisson volant ? Il me semblait qu'il avait, lui, atteint la liberté. Ho ho.

Je m'aperçus que j'avais à nouveau mis le cap sur l'escalier montant à la terrasse panoramique. Parvenu en haut, je me frayai un passage dans la foule des touristes. Cette foule me donnait l'impression d'avoir considérablement grossi depuis tout à l'heure, elle s'était amassée comme aux abords d'un lieu de pèlerinage. Ou je me trompais, ou des bas-fonds de cette pieuse assemblée montait un chœur fervent. Cette extase collective était-elle due au miracle du poisson ? Je levai les yeux. Le ciel était couvert.

J'achetai à un marchand ambulant un pigeon mécanique et le lâchai. Avais-je offensé Carmen ? Je la revis s'éloigner, la déception peinte sur son visage, devenir de plus en plus petite avec la distance, et enfin disparaître dans le domaine diffus du souvenir. Je ne la voyais plus que sommairement, puis son souvenir, gracile, se déroba à moi. Tant pis. Et ma prétendue tante, en gardais-je plus qu'un souvenir sommaire ? Tout suit sa marche, allais-je penser, quand je m'avisai qu'il fallait ajouter "ici-bas", car là-haut, dans ces régions où filait le poisson volant, il ne pouvait être question de marche. La liberté absolue n'a pas de marche ni de but, c'est bien connu ; sinon, ce ne serait pas une liberté. Elle n'a pas d'heure, non plus.

Et naturellement elle n'a pas besoin de bagages. Je pensai à ceux que j'avais laissés dans l'appartement de ma tante. Qu'ils y restent. J'y avais bien laissé les fourrures et tout le bataclan.

Et maintenant ? Dans un de ces espaces verts qu'on appelle ici un square, je m'assis sur un banc et regardai les enfants jouer. Ils jouaient au ballon, et une balle perdue vint justement rouler à mes pieds. Je me levai et la renvoyai. C'est si difficile de rattraper une balle, quand on tient à peine sur ses deux petites jambes. Il reste tant à apprendre ! Il y a encore tant de choses à comprendre, avant même d'aller à l'école ! C'est si difficile de se tirer de l'amour. L'amour, c'est infernal. Est-ce que Saïd était capable d'amour ? Et si les balayeurs n'ouvraient plus jamais l'eau ? Et si je n'étais pas assis sur mon banc pour de bon, mais seulement en imagination ? Si tout n'était que souvenir, n'avait qu'une signification *sommaire*, bien loin de suivre une MARCHE ? Ces enfants qui jouaient à la balle, je les voyais maintenant flous, comme de très loin. D'en haut. Tout le square échappait à ma vue, s'estompait dans une flaque rose de souvenirs. Avais-je enfin décollé ? J'ouvris la bouche d'émerveillement. Décollé ? Oh que oui.

*Paris, 2003-2005*

OUVRAGE RÉALISÉ
PAR L'ATELIER GRAPHIQUE ACTES SUD
ACHEVÉ D'IMPRIMER
EN NOVEMBRE 2005
PAR L'IMPRIMERIE FLOCH
A MAYENNE
POUR LE COMPTE DES ÉDITIONS
ACTES SUD
LE MÉJAN
PLACE NINA-BERBEROVA
13200 ARLES

DÉPÔT LÉGAL
1re ÉDITION : JANVIER 2006
N° impr. : 64279
*(Imprimé en France)*